T0194797

essentials

essentials liefern aktuelles Wissen in konzentrierter Form. Die Essenz dessen, worauf es als „State-of-the-Art" in der gegenwärtigen Fachdiskussion oder in der Praxis ankommt. *essentials* informieren schnell, unkompliziert und verständlich

- als Einführung in ein aktuelles Thema aus Ihrem Fachgebiet
- als Einstieg in ein für Sie noch unbekanntes Themenfeld
- als Einblick, um zum Thema mitreden zu können

Die Bücher in elektronischer und gedruckter Form bringen das Expertenwissen von Springer-Fachautoren kompakt zur Darstellung. Sie sind besonders für die Nutzung als eBook auf Tablet-PCs, eBook-Readern und Smartphones geeignet. *essentials:* Wissensbausteine aus den Wirtschafts-, Sozial- und Geisteswissenschaften, aus Technik und Naturwissenschaften sowie aus Medizin, Psychologie und Gesundheitsberufen. Von renommierten Autoren aller Springer-Verlagsmarken.

Weitere Bände in der Reihe http://www.springer.com/series/13088

Angelika Kutz

Systemische Haltung in Beratung und Coaching

Wie lösungs- und
ressourcenorientierte Arbeit gelingt

 Springer

Angelika Kutz
Hannover, Deutschland

ISSN 2197-6708   ISSN 2197-6716   (electronic)
essentials
ISBN 978-3-658-29685-8   ISBN 978-3-658-29686-5   (eBook)
https://doi.org/10.1007/978-3-658-29686-5

Die Deutsche Nationalbibliothek verzeichnet diese Publikation in der Deutschen Nationalbibliografie; detaillierte bibliografische Daten sind im Internet über http://dnb.d-nb.de abrufbar.

© Springer Fachmedien Wiesbaden GmbH, ein Teil von Springer Nature 2020
Das Werk einschließlich aller seiner Teile ist urheberrechtlich geschützt. Jede Verwertung, die nicht ausdrücklich vom Urheberrechtsgesetz zugelassen ist, bedarf der vorherigen Zustimmung des Verlags. Das gilt insbesondere für Vervielfältigungen, Bearbeitungen, Übersetzungen, Mikroverfilmungen und die Einspeicherung und Verarbeitung in elektronischen Systemen.
Die Wiedergabe von allgemein beschreibenden Bezeichnungen, Marken, Unternehmensnamen etc. in diesem Werk bedeutet nicht, dass diese frei durch jedermann benutzt werden dürfen. Die Berechtigung zur Benutzung unterliegt, auch ohne gesonderten Hinweis hierzu, den Regeln des Markenrechts. Die Rechte des jeweiligen Zeicheninhabers sind zu beachten.
Der Verlag, die Autoren und die Herausgeber gehen davon aus, dass die Angaben und Informationen in diesem Werk zum Zeitpunkt der Veröffentlichung vollständig und korrekt sind. Weder der Verlag, noch die Autoren oder die Herausgeber übernehmen, ausdrücklich oder implizit, Gewähr für den Inhalt des Werkes, etwaige Fehler oder Äußerungen. Der Verlag bleibt im Hinblick auf geografische Zuordnungen und Gebietsbezeichnungen in veröffentlichten Karten und Institutionsadressen neutral.

Planung/Lektorat: Eva Brechtel-Wahl
Springer ist ein Imprint der eingetragenen Gesellschaft Springer Fachmedien Wiesbaden GmbH und ist ein Teil von Springer Nature.
Die Anschrift der Gesellschaft ist: Abraham-Lincoln-Str. 46, 65189 Wiesbaden, Germany

Was Sie in diesem *essential* finden können

- Wie viel Bedeutung und Wahrheit dem Satz zukommt:
  „You can change the world when you change your mind."
  („Man kann die Welt verändern, wenn man sein Denken verändert.")
- Einen schnellen Ein- und Überblick in die Vorzüge und zügige Wirksamkeit des systemischen Arbeitens, vor allem der systemischen Haltung, speziell mit Blick auf eine schnelle Lösungsherbeiführung in diversen Kontexten.
- Dass Systemik eine innere Haltung zu Menschen, allen lebendigen Wesen, Dingen, Entwicklungen und Veränderungen (Change), also eine grundsätzliche Lebenseinstellung des Respekts, der Wertschätzung und der Achtsamkeit ist.
- Der Klient*/das Klienten-System ist der eigentliche und einzige Experte für seine Situation und vor allem seine individuelle Lösung.
- Der Berater/Coach hat im Idealfall und unter der Voraussetzung eines echten Veränderungswilles seitens des Klienten (-Systems) die Rolle des Geburtshelfers und Steigbügelhalters für Eigen- und Persönlichkeits- (Weiter-) Entwicklung auf Seiten des Klienten (-Systems).
- Wieso systemisches Arbeiten in Beratung und Coaching und vielen anderen Lebensbereichen
  – so schnell wirksam ist und damit – bereichsübergreifend! –
  – lösungs- und ressourcenfokussierte Kurzzeit-Interventionen ermöglicht,
  – (zügige) Selbstwert-Stabilisierung und Selbst-Wert-Entstehung fördert,
  – zu (Persönlichkeits-) Entwicklung bei Klient genauso wie bei Berater/ Coach beiträgt.

---

*Im Sinne der besseren Lesbarkeit sind in der hier sprachlich verwandten maskulinen Grammatik-Form jeweils alle anderen mitgedacht.

Vorwort

Da für mich eines der systemischen Prinzipien die kontinuierliche (Weiter-) Ent-Wicklung von Menschen, Dingen, Systemen, Kontexten und Situationen ist, welche sich permanent im Wandel befinden, kann auch diese Zusammenstellung allenfalls einen Ausschnitt, eine erste zaghafte Annäherung an die Komplexität dieses Themas und – wenn man den systemischen Fokus ganz weit nimmt – an die Komplexität der universellen Fragen unseres Lebens und Universums sein.

Vieles ist geprägt durch meine diversen Beratungs- und gleichzeitig Lern-Erfahrungen, die mir meine Klienten[1] im Laufe der Zeit geschenkt haben, wofür ich mich an dieser Stelle ausdrücklich bedanke. Denn ihr Weiterentwicklungsprozess war und ist – passend zum Wechselwirkungsgedanken der Systemik – auch immer gleichzeitig mein eigener, und ich bin immer wieder gerne auf dieser gemeinsamen spannenden Reise der kontinuierlichen Weiter- und (Lern-) Entwicklung mit meinen Klienten unterwegs, weil es dabei so viel Neues zu entdecken gibt.

Eine persönliche Anmerkung sei mir hier noch erlaubt: Angesichts des akuten, diversen und unsere Lebensgrundlage, unseren blau-grünen Planeten, existenziell gefährdenden massiven Raubbaus an allen ! – menschlichen, tierischen, pflanzlichen, diversitätsfördernden, natürlichen usw. – Ressourcen fällt (mir) der eine, später beschriebene systemische *Grundsatz der Veränderungsneutralität* allerdings zunehmend schwerer zu akzeptieren. Denn wir haben schlicht keine Zeit mehr, zuzulassen, dass unser menschengemachtes System sich nicht im Sinne einer für alle(s) tragbaren, sprich nachhaltigen, Weise verändern will und damit das Wohl der gesamten Welt (oder sogar des Kosmos – bezieht man die Entwicklungen mit Blick auf das All – Militarisierung, Vermüllung etc. – mit ein) gefährdet.

---

[1]Im Sinne der besseren Lesbarkeit sind in der hier sprachlich verwandten maskulinen Grammatik-Form jeweils alle anderen mitgedacht.

Wenn man die Haltung einnimmt, dass diese Offenheit für Veränderungen auch die Chance für eine Veränderung im Sinne einer (hoffentlich noch rechtzeitigen!) Umkehr beinhaltet, gelingt es vielleicht besser, diese Veränderungsneutralität zu akzeptieren und zu leben.

Angelika Kutz

Inhaltsverzeichnis

Über die Autorin

Foto: Corinna Perrevoort

Angelika Kutz LL.M. ist Rechtsanwältin, Mediatorin, Arbeits- und Organisationspsychologin und systemische Beraterin (DGSF) mit langjähriger Erfahrung als Mediatorin, Trainerin und Coach in eigener Praxis.

Inzwischen bringt sie diesen Erfahrungsschatz als CIP-Koordinatorin in einem agilen Software-Entwicklungsbereich bei Bosch ein.

Sie unterstützt zusätzlich nebenberuflich Einzelpersonen und Familien sowie Orchester, Künstler und Musiker in den Bereichen systemische Beratung, Mediation und Coaching.

Als Beratungssprachen sind Deutsch, Englisch und Spanisch möglich.

Information und Kontakt:
www.mediation-coaching-hannover.de
kontakt@coaching-per-mediation.de

Weitere bei Springer erschienene *essentials* von Angelika Kutz:

- **Toxische Kommunikation als Krankheitsursache in Unternehmen**
  ISBN 978-3-658-12892-0
- **Double-Bind-Kommunikation als Burnout-Ursache**
  ISBN 978-3-658-21916-1 (Print)
  ISBN 978-3-658-21917-8 (E-Book)

Was ist „systemisch"?

An sich ganz einfach

Für mich ist „systemisch" zu allererst eine Haltung. Eine *zutiefst humanistische Haltung.*

Eine Haltung zu ALLEM, zu Menschen, allem Lebendigem, allen Dingen auf diesem Erdenrund, zu Zusammenhängen, zu Veränderungen (welche kontinuierlich passieren), zu Systemen, der Natur und letztlich der gesamten Schöpfung und dem Universum.

Eine *Haltung der* kontinuierlichen, allumfassenden, allen und jeder kleinsten Seiens-Expression dieses Erdenrunds gegenüber ausgeübten *Achtsamkeit.* Auch im Sinne von Respekt, Respektierung, Wert-Schätzung, Anerkennung, eben Achtung des anderen – egal, ob Person, anderes belebtes Wesen, Sache, Wertvorstellung etc.

Und doch so schwierig

Denn so einfach dies klingt, so schwierig ist die Umsetzung und bedarf des kontinuierlichen Übens – täglich, stündlich, in jedem Moment, mit jedem Atemzug.

Es bedarf dafür eines kontinuierlichen Einübens von Einstellungen, Veränderungen von Blickwinkeln, eines permanenten 360°-Blicks- sowie Perspektivwechsels kombiniert mit einer gleichzeitigen Beobachtung des Gesamtgeschehens von einer höheren Warte aus, der sogenannten Meta-Ebene, einschließlich der eigenen Person und der Eigenanteile an den jeweils ablaufenden Interaktionen.

Und es erfordert einen immerwährenden Prozess des sich selbst und alles um sich herum Hinterfragens unter der Prämisse: kann/könnte es nicht auch ganz anders sein?

© Springer Fachmedien Wiesbaden GmbH, ein Teil von Springer Nature 2020   1
A. Kutz, *Systemische Haltung in Beratung und Coaching*, essentials,
https://doi.org/10.1007/978-3-658-29686-5_1

Alles zudem getragen von einer dafür notwendigen, schier unendlichen Geduld, Menschenliebe und vor allem Empathie, also der Fähigkeit, sich in andere hineinzuversetzen, ihren Blickwinkel, ihre Sicht auf die Dinge, ihre Konzepte („Landkarten") im Kopf halbwegs erahnen und nachvollziehen zu können, soweit dies überhaupt möglich ist, weil jeder seine eigene Vorstellung („Landkarte") im Kopf hat, seine eigenen (Wert-) Vorstellungen, Blickwinkel, Wahrnehmungen, basierend auf ganz eigenen, individuellen Erfahrungen und Prägungen (Stichwort: *Konstruktivismus* siehe unten).

Und mit dieser Haltung stets offen und wertfrei auf alles zu blicken; also Dinge, Menschen, Ideen und Konzepte, Lebensentwürfe, innere Überzeugungen der anderen erst einmal frei von jeder (Be-) Wertung auf sich wirken zu lassen, unabhängig von eigenen Wert(e)-Vor-(Ein-)Stellungen, Wert/e-Systemen, Überzeugungen, eigenen inneren Haltungen oder (Vor-) Prägungen etc.

Ein Teil davon ist eine Haltung der Akzeptanz, dass nicht alles kontrollier- und/oder planbar ist; wenn auch gestaltbar im Moment bleibt.

Die Haltung, mit freundlicher Neugier allen wie auch immer verstörend erscheinenden oder auf einen selbst verstörend wirkenden Verhaltensweisen, Interaktionen, (Lebens-) Äußerungen und Lebens-Entwürfen zu begegnen und zu probieren, sie zu er-fassen, zu be-greifen statt sie zu be- oder gar abzu-werten.

Und dies ein Leben lang – in jeder Situation.

Und was genau macht die systemische Haltung so schwierig?

Dass diese Haltung voraussetzt, von sich selbst abzusehen, sich selbst zurückzunehmen, seine Egoismen zurückzustellen um des/r anderen, um des/r uns umgebenden Systems/e und ihrer (weiteren) Bestandteile Willen, eine demütige Haltung (Demut); und damit etwas, was vielleicht (noch) nicht (wieder) in allen in ausreichendem Maße angelegt ist.

Kurzer Exkurs

Manche Literaturstellen sprechen davon, dass dies nicht durchzuhalten sei. Dass niemand – mit Ausnahme vielleicht weniger besonderer Menschen (Dalai-Lama, Ghandi etc.) – konstant in dieser inneren Haltung auf die Welt zu schauen in der Lage sei.

Diese Diskussion wird sich letztlich nicht eindeutig zu Ende führen lassen – gerade wegen der Systemik. Denn einer der zentralen Gedanken des Konstruktivismus, welcher ja gerade zum Teil des systemischen Gedankenguts gemacht wurde, ist, dass jeder seine eigene „Landkarte", sein eigenes, nur ihm zugängliches Gedankenkonstrukt im Kopf und seiner Vorstellungswelt und damit auch Sichtweise auf die Welt hat.

Für mich persönlich löse ich diese Herausforderung dadurch, dass ich mir

- zum einen immer wieder bewusst mache, dass beide Denkrichtungen „klassisch" (linear-kausal) und „systemisch" in unterschiedlichen Kontexten nebeneinander ihre Berechtigung haben (siehe unten) und es wichtig ist, beide „Handwerkskästen" zur Verfügung zu haben, und
- mir auf dieser Basis zwischendurch und ab und zu ganz gezielt erlaube, von der systemischen Grundhaltung Urlaub zu machen, um dann mit neuen Kräften – ebenfalls wieder ganz bewusst – in diese Haltung einzutauchen und sie (weiter) leben zu können.
- *Die Kunst besteht darin, zu wissen, in welchem Kontext in welcher Rolle welche Haltung angemessen ist, um verantwortungsvolle Arbeit zu leisten.*

Hier vorweg noch der Hinweis, dass der Begriff *Klientensystem* in der Systemik für „echte" Systeme (Teams, Organisationen etc.) und Einzelpersonen gleichermaßen verwendet wird. Hintergrund ist die Annahme, dass letztlich alles als Ansammlung von (System-) Bestandteilen bzw. Individuen als Zusammensetzung diverser innerer Anteile betrachtet werden kann.

Folglich sind *Klient/Klientensystem* hier *synonym und für alle denkbaren Systeme gleichermaßen* zu verstehen.

Vordenker und gedankliche Wurzeln 2

Das systemische Gedankengut besteht aus einer Zusammenführung unterschiedlicher Denkrichtungen und Arbeitsstile, welche zu einem *wirkmächtigen Handwerkskasten kombiniert* werden. Darunter Erkenntnisse aus der intensiven Beschäftigung mit folgenden Themen:

2.1 Kommunikation und ihre Wechselwirkungen in Systemen

Entscheidende diesbezügliche Vordenker waren u. a.

- **Bateson, Watzlawick** und weitere Mitglieder der sog. **Palo Alto-Gruppe,**
- **Schulz von Thun** mit seinem Kommunikationsquadrat, inneren Team, Wertequadraten und vielem mehr in all seinen Büchern,
- **Virginia Satir** mit ihren fünf Freiheiten (siehe https://de.wikipedia.org/wiki/Virginia_Satir) und vier Kommunikationsweisen (Beschwichtigender, Anklagender, Rationalisierer, Ablenkender).

Aus den Überlegungen von

- **Varela/Maturana** bzw. **Luhmann** stammen die Sichtweisen der Selbstorganisation/des Selbsterhaltes eines Systems *(Autopoiese).* Zum Zwecke dieser Selbsterhaltung grenzt sich ein System nach außen „gegen" die Umwelt ab. Ein System bestimmt nach innen seine eigenen Wirkmechanismen (durch Kommunikation) und bildet eine Grenze zur Außenwelt (ebenfalls durch Kommunikation). Ein System erhält sich grundsätzlich selbst und strebt danach, sich selbst in diesem inneren System-Gleichgewicht zu halten *(Homöostase)* und

© Springer Fachmedien Wiesbaden GmbH, ein Teil von Springer Nature 2020
A. Kutz, *Systemische Haltung in Beratung und Coaching,* essentials,
https://doi.org/10.1007/978-3-658-29686-5_2

wehrt dazu erst einmal alle Anregungen von außen ab. Dies gilt auch für verschiedene, nebeneinander bestehende oder innerhalb eines größeren Zusammenhangs bestehende Sub-Systeme (s. Abb. 2.1 und 2.2).

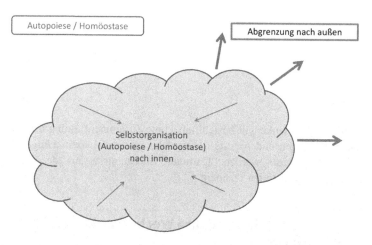

Abb. 2.1 Autopoiese/Homöostase eines Systems. (© Angelika Kutz 2020)

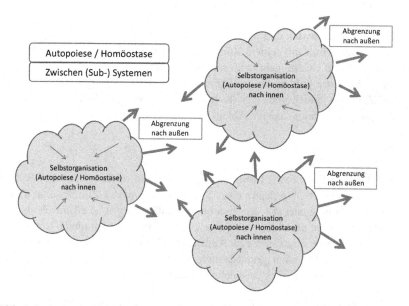

Abb. 2.2 Autopoiese/Homöostase mehrerer Systeme. (© Angelika Kutz 2020)

Ein *System* kann daher erst einmal *nicht per se* durch Steuerung *von außen verändert* werden. Daraus resultiert allerdings für das *System* die *Gefahr der Stagnation*, der Erstarrung, weil bzw. solange das System sich nicht von innen her verändert.

Veränderungen können von außen also *allenfalls durch Anregungen* erfolgen. Je nach Selbstorganisation des jeweiligen Systems wird das System diese Anregungen abwehren oder (in Teilen) aufnehmen, falls diese – nach „Auffassung" des Systems und der in ihm geltenden Regeln – für die (weitere) Selbstorganisation nach den systemimmanenten Regeln und mit Blick auf das Systemziel der Homöostase dienlich sind. Diese Anregungen von außen erfolgen ebenfalls durch Kommunikation.

2.2   Konstruktivismus

Der *radikale Konstruktivismus* geht davon aus, dass jeder subjektiv seine Vorstellung(en) von der Welt konstruiert und sein eigenes Konstrukt, seine eigene „Landkarte", im Kopf hat. Hinzu kommt, dass keine dieser Landkarten die Landschaft selbst ist; sie kann es laut Konstruktivismus auch gar nicht sein.

Dementsprechend gibt es auch keine objektive Realität (Landschaft, die „so und so ist"), sondern nur individuell konstruierte und kontinuierlich veränderbare Landkarten/Konstrukte in der individuellen Vorstellungswelt des einzelnen. Auch ein Beobachter kann dementsprechend niemals objektiv sein.

Der *soziale (system-theoretische) Konstruktivismus* lenkt den Blick eher auf das Aushandeln von Blickwinkeln auf die Realität durch Dialog und Perspektivwechsel sowie Perspektiven-Vielfalt. Wirklichkeit entsteht laut Watzlawick (1976, S. 6) dementsprechend durch Kommunikation; wer also die Wirklichkeit verändern will, muss die Kommunikation verändern.

2.3   Kybernetik 1. und 2. Ordnung

Der weitere wesentliche Bestandteil systemischen Denkens ist die Vorstellung von zirkulären Rückkoppelungsprozessen statt linearer Ursache-Wirkungs-Erklärungen. Diese basieren auf dem Gedankengut der Kybernetik 1. bzw. 2. Ordnung.

2.3.1 Kybernetik 1. Ordnung

In Anlehnung an die technischen Erkenntnisse eines sich selbst regulieren-
den Regelkreises, wie z. B. ein Thermostat-Ventil die Wärmezufuhr reguliert,
erweiterte die sog. *Kybernetik 1. Ordnung* den rein auf das Individuum und seine
„Defizite" gerichteten Fokus der Behandlung auf den Kontext und die System-
bezüge und vor allem die Beziehungen des Individuums in diesen jeweiligen
System-Kontexten. Denn es gab die Beobachtung, dass dasselbe Individuum in
einem *Kontext 1* Verhaltensweisen zeigte, welche dasselbe Individuum in *Kontext
2* nicht zeigte, und ggf. in *Kontext 3* noch wieder andere Verhaltensweisen auf-
wies.

Durch diese *Erweiterung auf das ein Individuum umgebende System* bzw.
den individuellen Kontext, und die Beziehungen des Individuums darin, seine
sozialen Bezüge, wurde der Blick auf weitere, (im Moment noch) veränderungs-
hindernde Umstände, welche ggf. mit der Einbindung in bestimmte Systeme/
Kontexte zusammenhängen könnten, frei.

Die Kybernetik 1. Ordnung befasst sich also mit den Wechselwirkungen zwischen dem Individuum (= selbst ebenfalls ein (Klienten-) System), dem dieses
Individuum umgebenden System/Kontext und Wechselwirkungen zwischen diesen Systemen und Subsystemen (s. Abb. 2.3).

Sie läuft dabei allerdings Gefahr, die „Ursache" für Schwierigkeiten beim
Klientensystem lediglich einseitig von diesem selbst (wo sie vor der Neuerung
durch die Betrachtungsweise der Kybernetik 1. Ordnung verortet war) auf die
Systemkontexte/sein soziales System zu verlagern.

2.3.2 Kybernetik 2. Ordnung

Die *Kybernetik 2. Ordnung* erweiterte die Kybernetik 1. Ordnung um die Ein-
beziehung des Beobachters, und damit des Beraters selbst, in das (Gesamt-) System, welches durch Interaktion mit dem Beobachteten, dem Klientensystem, auf
dieses (zurück-) wirkt.

Sie geht davon aus, dass allein die Anwesenheit des Beobachters bereits Einfluss auf das System hat und dieses verändert, gerade weil der Beobachter selbst
auch Teil dieses (neuen/erweiterten) Systems ist.

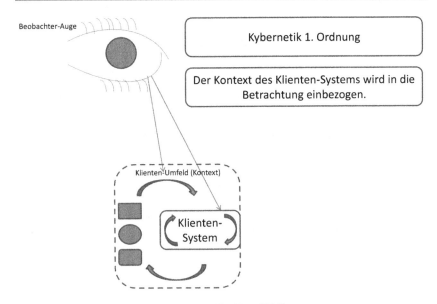

Abb. 2.3 Kybernetik 1. Ordnung. (© Angelika Kutz 2020)

Zusätzlich liegt ihr die Annahme zugrunde, dass sich Systeme ohnehin kontinuierlich verändern. Diese Veränderungen finden allerdings ausschließlich aufgrund interner Selbstregulation (siehe Autopoiese und Homöostase oben) und der eigenen system-internen Regeln statt. Auch, ob Impulse von außen oder Anregungen anderer umgebender (Sub-) Systeme aufgenommen bzw. in welcher Weise sie verarbeitet werden, regelt das (lebendige) System nach seinen individuellen Regeln selbst. Von außen könne dieser Veränderungsprozess daher allenfalls kooperativ und mit Hilfe von kommunikativen Anregungen begleitet werden. Der Berater konstruiere dabei als Co-Konstrukteur durch Anregungen mit Hilfe von Fragen und Kommunikation dasjenige selbst mit, was er beobachtet bzw. zu beobachten meint (s. Abb. 2.4).

Die dadurch entstehenden Ergebnisse und Lösungen seien dadurch deutlich weniger vorherseh- bzw. steuerbar.

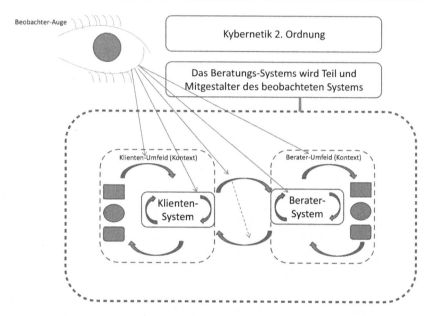

Abb. 2.4 Kybernetik 2. Ordnung. (© Angelika Kutz 2020)

2.4   Humanistische und positive Psychologie

Der insbesondere von **Milton Erickson/Rogers** geprägten humanistischen/positiven Psychologie mit ihrer konsequent klientenzentrierten Herangehensweise liegt die Überzeugung zugrunde, dass der Klient Experte für seine Situation, deren Veränderung und nachhaltige Lösungsfindung ist und alles, was er für die Lösung benötigt, bereits mitbringt. Deswegen bezeichnen sie ihre Vorgehensweise auch als „nicht-direktiv", um zum Ausdruck zu bringen, dass niemand von außen in der Lage ist, Veränderungen zu bewirken, allenfalls anzuregen; die eigentliche Veränderungsarbeit geschieht in der Person selbst.

Aus dieser Denkschule entlehnt die Systemik die Wirkfaktoren der *Empathie*, der *Kongruenz/Authentizität* und der *(bedingungslosen) Akzeptanz.*

2.5 Ressourcen- und lösungsfokussierte Kurzzeit-Intervention nach De Shazer/Berg

Steve de Shazers und seine Frau **Insoo Kim Berg** haben mit ihren einmaligen, minimal-invasiven *ressourcen- und lösungsfokussierten Kurzzeit-Interventionen,* welche sich durch eine kongenial sich zurücknehmende innere Haltung und durch absoluten Respekt und Demut vor dem Klienten (-system) auszeichnen, *großen Einfluss auf die systemische Arbeitsweise* genommen.

Aus ihrem Wirkungskreis stammen u. a.:

- Die *Wunderfrage,* mit oder ohne Kombination mit den genialen *Skalenfragen*
- Die Überzeugung, dass der Berater für eine Lösungsunterstützung *nicht einmal das Problem kennen muss,* sondern es ausreicht, den Klienten lösungsfokussiert mit Hilfe z. B. seiner Skalierungsfragen in Kombination mit Ausnahme- und Unterschiedsfragen zu der aus dem Klienten heraus entstehenden Lösung zu führen.
- Die *Klienten-Typen:*
  - Besucher – weiß nicht, ob er etwas verändern will/ein Anliegen hat
  - Kunde – hat echtes Beratungsanliegen und wirklichen Veränderungswillen, weiß lediglich **noch** nicht, was ihn an der Umsetzung hindert
  - Klagender – sieht sich in Opferrolle, aus welcher heraus er nicht handeln kann, aber auch (noch?) nicht aussteigen will.
  - Co-Therapeut – kennt sein Ziel, hat auch Ideen zur Erreichung, sucht gegebenenfalls erlaubniserteilende Absolution.

2.6 Gestalt-Theorie (Gestalttherapie)

Die aus der *Gestalt-Theorie (Gestalttherapie)* stammende Erkenntnis, dass das Ganze etwas anderes/mehr als die Summe seiner Teile ist, bildet eine weitere gedankliche Grundlage.

Und noch viele mehr – für ausführliche Darstellungen und weitere Details sei hier auf die zahlreiche systemische Literatur verwiesen.

All diese klugen Wegbereiter haben sich ihr Leben lang mit dem Studium zwischenmenschlicher Zusammenhänge beschäftigt, vor allem mit Wirkungen/Wirkzusammenhängen von Kommunikation, der Interaktion zwischen Menschen, Individuen, zwischen und innerhalb von Gruppen/Systemen, dem Studium der

Verschiedenheiten der Ethnien, stets auf der Suche, den Dingen auf den Grund zu gehen, zu verstehen, Zusammenhänge, Systeme (darin und dahinter) aufzuspüren und zu durchschauen; ihre jeweiligen Dynamiken, Fallstricke und Begrenzungen zu erkennen und die sich daraus ergebenden Konsequenzen aufzuzeigen und Schlüsse für (immer noch) (bessere) Lösungen zu ziehen.

Aus all diesem abgeleitet und kombiniert: Systemisches Gedankengut 3

Diese unterschiedlichen Denkrichtungen, Arbeitsstile und klugen gedanklichen Vorarbeiten der Wegbereiter kombiniert das systemische Gedankengut zu einem – wenn verantwortungsvoll angewandt – *hoch wirkmächtigen Handwerkskasten mit folgenden Aspekten.*

3.1 Haltungsaspekte/Grundhaltung

Die *hochgradige Wirksamkeit der systemischen Methodik fußt* für meine Begriffe vor allem *auf* der ihr zugrundliegenden *Achtsamkeits-basierten, Menschen- und Schöpfungs-zugewandten, wertschätzenden, bedingungslos- und (Vor-) Urteils-frei-annehmenden inneren Grundhaltung und Menschenfreundlichkeit.*

▶ Diese Haltung des liebevollen Beziehungs-Aufbaus und des diese Beziehung-Aufrechterhaltens ist nach meiner Erfahrung der eigentliche Wirksamkeits-Schlüssel zu den so zügigen, so intensiven und vor allem so nachhaltigen Wirkungen der systemischen Interventionen.

Dies fügt sich auch unmittelbar in die mehrfach belegte Studienlage, dass der mit Abstand *größte Wirkfaktor* in Beratungskontexten der *Beziehung zwischen Beratendem und Klienten* zukommt (Barnow 2013, S. 37).

▶ Voraussetzung dafür ist allerdings echtes, authentisches Interesse am Gegenüber!

© Springer Fachmedien Wiesbaden GmbH, ein Teil von Springer Nature 2020
A. Kutz, *Systemische Haltung in Beratung und Coaching*, essentials,
https://doi.org/10.1007/978-3-658-29686-5_3

Weitere wichtige systemische Haltungsaspekte sind

In jeder Krise steckt eine Chance
Hinter jedem Problem verbergen sich Lösungsoptionen. Um diese aufzuspüren, wird der Kontext in die Betrachtung mit einbezogen, mithilfe des Perspektivwechsels unter mehreren Blickwinkeln auf die Situation geschaut und die dabei gemachten Beobachtungen und Erfahrungen (auf rationaler und emotionaler Ebene) in Worte gefasst.

Es gibt für alles einen guten Grund
Diesen muss man weder gutheißen noch auf Dauer für erhaltenswert erachten. Es ist aber wichtig, ihn zu kennen und erst einmal wertfrei anzuerkennen, dass dieser für ein Verhalten, eine Interaktion dieses Menschen in dieser konkreten Situation, in diesem konkreten Kontext, in diesem bestimmten System, zu diesem konkreten Zeitpunkt oder der konkreten Zeitpanne, in den konkreten Zusammenhängen für den dieses Verhalten zeigenden Menschen einen Sinn macht, ja vielleicht sogar (über-) lebensnotwendig ist[1].

Sowie die Haltungsbestandteile:
- *Neutralität*
- *Allparteilichkeit*
- *Respekt gegenüber Personen/Respektlosigkeit gegenüber Ideen*
- *Wertschätzung*
- *Transparenz/Offenheit*
- *Respektvolle Neugier*
- *Ressourcen-, Kompetenz- und Lösungsfokus*
- *Konstruktivistische Grundannahme = „unwissender" Standpunkt („Leermachen")*
- *Einbeziehen des Kontextes in alle Überlegungen, Zirkularität, Wechselwirkungen*

---

[1]Ein sehr plastisches, wenn auch leider hoch tragisches Beispiel dafür, dass zunächst irritierende Verhaltensweisen für den sie Zeigenden durchaus einen guten Grund darstellen und „Sinn" ergeben/einen Sinn haben: ein Jugendlicher kommt wegen hochgradiger äußerer (Selbst-) Verwahrlosung in Beratungskontexte, in deren Verlauf sich herausstellt, dass diese Selbstvernachlässigung als Schutz gegen sonst (wieder) einsetzenden sexuellen Missbrauch dieses Jugendlichen durchaus hochgradigen Sinn für ihn machte. Ein für ihn selbst absolut Sinn machender guter Grund also!

3.1.1 Neutralität

Neutralität bedeutet eine *Haltung des bewussten Nicht-Bewertens, des (be-) wertungslosen Wahrnehmens (nicht-wertende Haltung)* dessen, was sich im Moment in einem bestimmten Kontext zeigt. Dieser Grundgedanke der Neutralität hat u. a. folgende Facetten/Unterkategorien.

- *Konstrukt*-Neutralität
- *Veränderungs*-Neutralität
- *Soziale* Neutralität
- *Tempo*-Neutralität
- *Methoden*-Neutralität

Konstrukt-Neutralität
Bedeutet: keinerlei (Be-)Wertung der klienten-eigenen Werte-Vorstellungen, Ideen, Lebensentwürfe etc. durch gezieltes geistig und emotionales „Ausschalten" der eigenen Werte-/Vorstellungen für die Ermöglichung eines sauberen „Einnehmens" der systemischen Rolle.

Veränderungs-Neutralität/Problem-Neutralität/Lösungs-Neutralität
Bedeutet: die Haltung, dass es dem/den in die Beratung Kommenden überlassen bleibt, ob diese/r oder ob sich etwas, ein System etc., verändern will oder nicht, und auch – so meine eigene weitere Facette dieses Grundsatzes – in welche Richtung sich jemand oder etwas verändern will.

Soziale Neutralität/Beziehungs-Neutralität
Bedeutet: Einladungen seitens des Klienten(-systems) zur Parteinahme, Koalition oder Vereinnahmung werden nicht angenommen.

Tempo-Neutralität
Bedeutet: jedes Klientensystem hat seine eigene Zeit; für seine Denk- und inneren Verarbeitungsvorgänge; für seine Veränderungsarbeit; für seine individuelle Geschwindigkeit in jeder Sitzung etc.

Methoden-Neutralität
Bedeutet: der Nutzen für den Klienten bestimmt die Wahl der Methode.

3.1.2 Allparteilichkeit

Der Beratende hat alle Beteiligten im Kontext eines Klientensystems gleichermaßen im Blick, kann sich in die Schuhe jedes einzelnen Beteiligten stellen, deren Perspektive/n nachvollziehen, ohne sie teilen zu müssen; und kann diese individuelle Sichtweise jederzeit wieder verlassen, um dasselbe mit einem der anderen Beteiligten zu tun.

Welche Interessen haben alle Beteiligten im Kontext des Klientensystems, einschließlich der Eigeninteressen des Beraters? Welche expliziten, welche impliziten (verdeckten) Interessen/Aufträge bestehen evtl. und können für den Lösungsfindungsprozess relevant sein/werden?

Wichtige Grundvoraussetzung für die Haltung der Allparteilichkeit sind Respekt, Anerkennung und freundliche Neugier bezüglich aller Systemmitglieder eines Kontextes.

3.1.3 Respekt gegenüber Personen/Respektlosigkeit gegenüber Ideen

Ein weiterer wichtiger systemischer Haltungsaspekt ist der *jederzeitige, absolute Respekt gegenüber Personen,* egal ob inner- oder außerhalb des Beratungskontextes.

Dazu gehört auch die konsequente Haltung der *Augenhöhe zwischen Klient und Berater.*

Die systemische Herangehensweise erlaubt bzw. fordert regelrecht gleichzeitig eine radikale, in der Artikulierung allerdings angemessene *Respektlosigkeit gegenüber Ideen.*

Dies bedeutet, dass festgefahrene, zum aktuellen Zeitpunkt nicht mehr als hilfreich/nützlich erscheinende Muster, Ideen, Vorstellungen, Glaubenssätze, Konstrukte und Landkarten des Klientensystems jederzeit ungewöhnlich-kreativ und liebevoll mit *„angemessener Frechheit"* infrage gestellt und somit das Klientensystem in seiner aktuellen Vorstellungswelt verstört werden dürfen.

Diese Respektlosigkeit gegenüber Ideen gilt zusätzlich natürlich auch gegenüber den eigenen Beratersystem-Vor- und Einstellungen, Ideen, Wertvorstellungen, Erfahrungshintergründen etc.

In alle Richtungen läuft so quasi als Dauer-Sub-Text die Frage mit:
„Kann es nicht auch ganz anders sein?".

3.1.4 Wertschätzung

Weiterer wichtiger Teil der systemischen Haltung ist die *vorurteilsfreie, bedingungslose Wertschätzung* bezogen auf die Person/en des Klienten-Systems, ihre jeweiligen Ideen, Wertvorstellungen und Konstrukte sowie ihre jeweiligen Kontexte und alle damit zusammenhängenden Lebensausprägungen bei gleichzeitig wertfreiem Betrachten dessen, was sich zeigt (Neutralität; siehe oben).

Ein (be)wert(ungs)freies bzw. wertschätzendes Formulieren mit entsprechend positiver Wortwahl dient dabei zusätzlich als Ausdrucksweise von und für Wertschätzung.

Hilfreich für das Einnehmen und Einüben dieses Haltungsaspekts ist die Erkenntnis, dass im Kern *jede/r einen liebenswerten und wertschätzungswürdigen Kern* hat.

Letztlich ist dieses Haltungsmerkmal eines der entscheidenden im Hinblick auf das der *systemischen Haltung zugrundeliegende Menschenbild.*

Zusätzlich ist dies einer der wesentlichen, wenn nicht sogar DER *Schlüssel zu der großen Wirksamkeit dieser Methode.*

3.1.5 Transparenz und Offenheit

Einer der wichtigen Punkte für „*Transparenz"* ist, *Rollenklarheit* für alle Seiten *herzustellen.* Dies geschieht vor allem im Rahmen der Auftragsklärung (Contracting; siehe unten) und legt für alle Beteiligten offen *(Offenheit),* welche Rahmenbedingungen und Parameter für den konkreten Beratungskontext gelten. *Offenheit* bedeutet auch, dass die systemische Prozessgestaltung im Grunde völlig frei und flexibel gestaltet werden kann/darf; einziger Maßstab ist auch dabei wieder die Nützlichkeit für den Klienten. Eine weitere Facette der „*Offenheit"* ist wie bei der Respektlosigkeit gegenüber Ideen die *kontinuierliche Hinterfragung, ob nicht alles auch ganz anders sein könnte.*

3.1.6 Respektvolle Neugierde

Der Berater geht aus systemischer Sicht mit einer inneren Haltung der (authentischen) respektvollen Neugierde auf jedes Klientensystem zu.

Dazu zählt, mithilfe authentisch (!) am Klienten und *seiner* individuellen Lösung interessierter Fragen (kein „sozialer Voyeurismus") das Vorstellungsbild

(Konstrukt) des Klientensystems einfühlsam-empathisch zu erforschen, im Sinne von mit diesen respektvollen Fragen zu ertasten.

Dies bedeutet: Fragen haben ausschließlich dem Klienten(-system) und der Überprüfung von (Arbeits-) Hypothesen zu dienen, keinesfalls einem sich an evtl. Erfahrbarem „ergötzenden" Eigeninteresse an Wissenszugewinn auf Seiten des Beraters. Dies wäre in mehrfacher Hinsicht eine Schieflage in der Haltung:

- Keine Augenhöhe
- Indirekter Machtausübung durch Aufbau überlegenen Wissens aufseiten des Beraters ohne echten Mehrwert für die Lösungsarbeit des Klienten
- Potenzieller Missbrauch seiner Fragetechniken zu Manipulationszwecken
- ... und evtl. vieles mehr.

3.1.7 Ressourcen-, Kompetenz- und Lösungsfokus

Der systemische Ansatz richtet den *Blick* dezidiert *auf vorhandene Ressourcen und Kompetenzen beim Klienten* (-System) und darauf, wie diese zu einer Lösung beitragen können *(Lösungsfokus)*.

Ressource in diesem Sinne kann alles sein; alle inneren Fähigkeiten oder auch eigene innere Anteile sowie alle äußeren (im Kontext und Umfeld des Klientensystems) Umstände, z. B. hilfreiche Personen, Dinge oder Zusammenhänge etc.

Der Fokus wird konsequent auf dasjenige gelenkt, was bereits gut funktioniert, was unterstützt, voranbringt und hilfreich ist.

Dies wird dadurch unterstützt, dass der Berater den Klienten anregt, *Ausnahmen vom Problem ausfindig* zu *machen* und *aufzuspüren* sowie in Kombination mit den beim Klienten „freigelegten" Ressourcen passende Lösungen zu entwickeln.

Ressourcen- und Lösungsfokus bedeutet nicht, Probleme aus den Augen zu verlieren. Sie werden mithilfe der Systemik nur anders angegangen; sie werden verflüssigt, so *aus der Starre und Stagnation (Problem-Trance) geholt,* um die in ihnen liegenden Potenziale zur Entfaltung durch das Klientensystem – lediglich unterstützt durch das Beratersystem – führen zu lassen.

3.1.8 Konstruktivistische Grundannahme

Angelehnt an den sozialen Konstruktivismus geht der systemische Ansatz davon aus, dass *jeder seine eigene Wirklichkeit (Landkarte) im Kopf* konstruiert, *Wirklichkeit* daher ein *individuelles Konstrukt jedes einzelnen* ist und *keine objektive Wahrheit* darstellt.

Systemik arbeitet dementsprechend mit einer *Viel-Perspektivität* und *mehreren "Realitäten"* sowie der *Vorstellung,* dass *gemeinsame Landkarten* im wechselseitigen Gespräch und *durch (kommunikative) Interaktion konstruiert* werden (müssen).

Dies schlägt sich in der systemischen Grundannahme nieder, dass Sprache – vermittelt über Verhalten und Interaktion – Realität konstruiert, kreiert und formt, und Kommunikation damit in der Lage ist, Realitäten durch sprachliche Interventionen um-zu-formen.

Ein systemischer Berater startet seine Intervention daher von dem sog. *"unwissenden Standpunkt"* aus, weil ein Konstrukt eines anderen Menschen allenfalls annäherungsweise durch empathisches detailliertes Nachfragen erahnt werden, aber niemals komplett oder konkret erfasst werden kann.

3.1.9 Kontext-Abhängigkeit, Zirkularität und Wechselwirkungen

Es gibt nach systemischer Vorstellung keine „fest-stehenden" Eigenschaften einer Person, kein „jemand ist so und so...", sondern nur Verhaltensweisen und Erscheinungsformen, welche sich durch Interaktion und Wechselwirkung mit anderen in bestimmten Kontexten/Situationen entwickeln bzw. entwickelt werden *(Kontext-Abhängigkeit).*

Zusätzlich bedeutet *systemisches Denken* – im Gegensatz zum „klassischen", ausschließlich linear-kausale Wirkungsketten heranziehenden Denken –, *konsequent in Beziehungs-, Wechselwirkungs- und Kontextabhängigkeiten* zu denken bzw. auf eine Situation, einen Beratungsfall etc. zu blicken.

Jedes Verhalten ist zugleich Ursache und Wirkung für Verhalten anderer Systemmitglieder. Also ein Denken in zirkulären Regelkreisen und *Wechselwirkungen,* in welchen alle Impulse jeweils auf sich selbst und alle anderen Systembestandteile in „Feedback-Schleifen" zurückwirken. In dieser *Wechselwirkungsvorstellung* ist das eine ohne das andere nicht zu denken (s. Abb. 3.1).

Die *systemische Sichtweise* geht von *kontinuierlichen rekursiven Wechselwirkungen und Wechselbeziehungen* im Verhalten *aller Interaktionspartner eines Kontextes, einschließlich des Beraters/Beobachters* aus. Denn *nach systemischer Ansicht hängt alles mit allem zusammen* (s. Abb. 3.2):

- Intra-psychische Abläufe und Motive
- Umfeld-/Umwelt-/Kontextbedingungen
- Rekursive Wechselwirkungen zwischen allen Beteiligten eines/mehrerer Kontexte/s

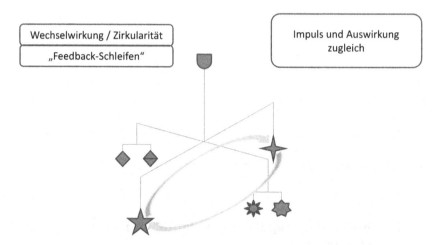

Abb. 3.1 Wechselwirkung/Zirkularität/Feedback-Schleifen in Systemen. (© Angelika Kutz 2020)

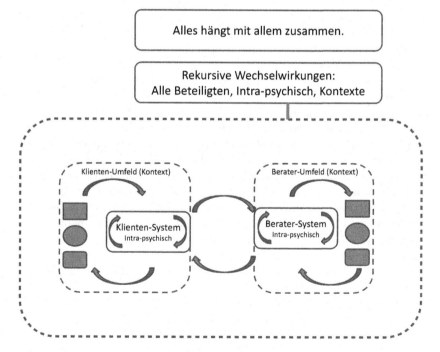

Abb. 3.2 Rekursive Wechselwirkungen in Systemen. (© Angelika Kutz 2020)

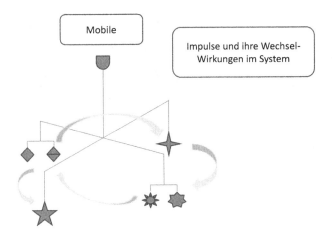

Abb. 3.3 Mobile-Bild für Wechselwirkungen in Systemen. (© Angelika Kutz 2020)

Es werden sowohl Wechselwirkungen *innerhalb* von Systemen als auch Wechselwirkungen *zwischen* Systemen mit in den Blick genommen (s. Abb. 3.3 und 3.4). *Veränderungen bei auch nur einem Mobile-Bestandteil* haben *Veränderungen* und ein Adjustierungs-Wieder-Austarieren *bei allen Systembestandteilen zur Folge,* wobei es keinen Anfang und kein Ende gibt, sondern jeweils nur sich gegenseitig immer wieder bedingende und beeinflussende Wechselwirkungen. Genauso finden *wechselseitige Beeinflussungen* und Impulsfortsetzungen *zwischen Systemen* statt, wenn Impulse aus einem (Sub-) System ein anderes erreichen.

Nach systemischer Vorstellung *entscheidet ein Klienten(-System) ausschließlich selbst, ob bzw. in welcher Weise es Veränderungen herbeiführt.* Daher können neue Impulse Systeme lediglich verwirren, zärtlich verstören oder anregen. Ein System bleibt von Impulsen von außen oder neuen (System-) Bestandteilen allerdings auch nie „unberührt", weil in der systemischen Denkweise *alles mit allem in Wechselbeziehungen steht* und zusammenhängt.

Wie ein System mit neuen Systembestandteilen und neuen *Impulsen* dann allerdings „umgeht", ist unterschiedlich und *nicht vorherseh-* und letztlich auch *nicht steuerbar.* Außerdem ist es von den jeweiligen *systemimmanenten Regeln für einen Umgang mit Veränderung* geprägt.

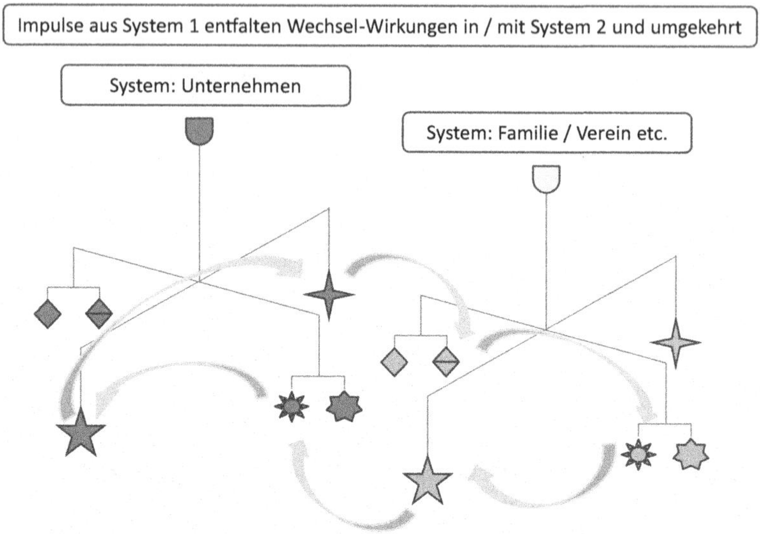

Impulse aus System 1 entfalten Wechsel-Wirkungen in / mit System 2 und umgekehrt

System: Unternehmen

System: Familie / Verein etc.

Abb. 3.4 Mobile-Bild für Wechselwirkungen in und zwischen mehreren Systemen. (©
Angelika Kutz 2020)

Handelt es sich in Anlehnung an **Luhmann** um ein *System mit der ihm
immanenten „Veränderungsphobie/Veränderungsaversion",* ist die Wahrschein-
lichkeit groß, dass ein System neue Bestandteile entweder so „vereinnahmt", dass
sie (un-individualisiert) mit dem System verschmelzen, dadurch unkenntlich in
ihrer Individualität und Unverwechselbarkeit werden oder sie aus dem System
„entfernt" werden; das System sie „aus- oder verstößt".

Ist ein *System offen, „gastfreundlich" gegenüber Neuem,* neuen Impulsen,
neuen Ideen, lässt es sich evtl. inspirieren. Vermutlich geschieht dies besonders
oft, wenn Impulse auf *Personen oder Systeme/Organisationen mit* einer ausgeprägten *Lernaffinität* treffen. Diese *lernenden (Einzel-) Systeme* oder
Organisationen sind dann besser auf sich verändernde Umstände vorbereitet,
weil sie einen flexiblen Umgang mit Veränderungen und damit rechtzeitige
Anpassungen besser gestalten können.

3.2   Systemische Sicht- und Vorgehensweisen

Folgende Hauptmerkmale zeichnen die systemische Sicht- und Vorgehensweise
aus.

3.2.1 Der Klient/das Klientensystem ist (alleiniger) Experte für seine Situation

Aus der Grundhaltung des Respekts gegenüber der Person resultiert die systemische Sichtweise, dass das Gegenüber/der Klient/das *Klientensystem der (alleinige) Experte für seine Situation* ist. Dazu gehört die Grundannahme, dass das *Klientensystem über* eine ihm entsprechende *Problemlösefähigkeit verfügt,* weil es die Lösung und *alle dafür notwendigen Ressourcen für* die Entwicklung und die Erreichung dieser klientenspezifischen *Lösung bereits in sich trägt.* Die in jedem Problem, jeder Krise bereits (mit) angelegten Lösungen sind jeweils bereits in dem Klientensystem (egal, ob Person, Team, Familien, Organisationen etc.) selbst vorhanden und müssen „nur" freigelegt werden. Der Berater fungiert dabei lediglich als Prozessbegleiter und Katalysator.

3.2.2 Die eigentliche Veränderungsarbeitet leistet das Klientensystem

Die eigentliche Veränderungsarbeit wird nach systemischer Sichtweise vom Klienten geleistet und geschieht innerhalb des Klientensystems; „von außen" sind nur Anregungen/Impulse möglich, welche das System „liebevoll verstören", um so sanfte Veränderungen innerhalb des Systems und aus Eigenantrieb aus dem System heraus anzuregen. Das System pendelt sich nach solchen Impulsen wieder in ein für dieses System individuell passendes Maß an Fließgleichgewicht mit ggf. aufgrund der Impulse auf- und angenommen Veränderungen oder Adjustierungen ein.

3.2.3 Systemische Fragen

Um den Rahmen dieses Essentials nicht zu sprengen, wird hier für diesbezügliche Details auf die diverse weiterführende Literatur verwiesen; insbesondere Bamberger (2010), S. 353.

Wichtig ist hier der Hinweis, dass systemische Fragen dazu dienen müssen, Hypothesen zu bilden, diese zu verändern oder zu verwerfen, um den Boden für den Klienten unterstützende Interventionsangebote zu bereiten. Dies setzt essenziell voraus, dass der Berater die *Regeln* der *Kunst des aktiven Zuhörens* beherrscht. *Ziel* dieses aktiven Zuhörens ist Verstehen, also mithilfe der ehrlich am Verstehen interessierten Fragen Stück für Stück die *konstruierte Lebenswirklichkeit des Klienten nachvollziehen zu können,* sich in ihn und seine Denk-Welt hineinversetzen und einfühlen zu können.

3.2.4 Arbeiten mit Hypothesen

Die *Systemik arbeitet* statt mit Zuschreibungen *mit Hypothesen,* also *jederzeit aufgrund neuer Erkenntnisse revidierbarer Annahmen.* Es werden permanent Hypothesen zu allen Bereichen in der Beratung gebildet, z. B. zu:

- inneren Vorgängen beim Klienten
- ablaufenden Interaktionen und Wechselwirkungen
- zirkulären Zusammenhängen
- … etc.

Dabei *dienen* diese *Hypothesen* nur *als* jeweils *vorläufiger Anhaltspunkt für (weitere) nützliche Interventionsschritte,* welche *dem Klienten(-system) als Angebote unterbreitet werden.* Hypothesen sind sofort zu verwerfen, wenn Anzeichen dafür sprechen, dass sie in die (für den Klienten) verkehrte Richtung führen. Alleinentscheidender Maßstab ist dabei die Nützlichkeit der Hypothese für das Klienten(-System) bzw. eine für dieses aktuell passende Lösung bzw. Weiter-Entwicklung.

3.2.5 Ganzheitliches Denken

Systemisch zu denken heißt ganzheitlich zu denken. Dies bedeutet, neues systemisches Verorten von Zusammenhängen unter Einschluss auch klassischer (linear-kausaler) Anteile im Denken und Betrachten von Zusammenhängen. Erst in der Gesamtschau können die wirkungsvollsten Aspekte beider Systeme zum bestmöglichen Wohl des Klienten(systems) kombiniert und alle Synergien und damit (verdeckten) Ressourcen aufgespürt, gehoben und nutzbar gemacht werden.

▶ Dies setzt vernetztes Denken voraus. D. h. ein Denken in Wechsel-, Rück- und Nebenwirkungen, ein vielschichtiges und gleichzeitig in unterschiedlichste Richtungen weisendes Denken.

Beide Denkweisen kombiniert – systemisch *und* linear-kausal – entfalten in einer „sowohl als auch" Betrachtung die besten Synergien für die Lösungsfindung (s. Tab. 3.1).

Tab. 3.1 Linear-kausales Denken und Systemisches Denken

Linear-kausales Denken	*Sowohl als auch...* Beide Denkweisen haben in unterschiedlichen Kontexten ihre Berechtigung…	Systemisches Denken
Der Einzelne		Das ganze System/alle (weiteren) Systeme im Kontext Rolle(n)/Funktion/Kontext
Kausalität		Wechselwirkungen
Linearität		Zirkularität
Objektive Beschreibung/Beobachtung I. Ordnung		Wechselwirkungen auf allen Ebenen/ Beobachtung II. Ordnung
Wahrheit – „so ist die Wirklichkeit"		Konstruktivismus = Wirklichkeiten werden individuell konstruiert/Verhalten im Kontext durch Wechselwirkungen
Symptom ist Defizit/Störung		Symptom hat/macht Sinn/Funktion
Eigenschaften („so sein"), jemand „ist so"/„immer so"- Verhaltens- Be- und Zuschreibungen		Beobachter/Beobachtbares ist Teil des Systems
Eigenschaften		Verhalten im Kontext
„Objektive" Be-/Zuschreibungen „Wahrheit"		Nützliche Hypothesen

(Fortsetzung)

Tab. 3.1 (Fortsetzung)

Linear-kausales Denken	*Sowohl als auch…* *Beide Denkweisen* haben in unterschiedlichen Kontexten ihre Berechtigung…	Systemisches Denken
Entweder – oder (Extrempole)		Kontinuum/Kontinua
Schwarz – weiß		Grautöne
Problem (–Trance)		Lösungs-Optionen/Kuchenvergrößerung
Frage: „Warum?" – mit dem entsprechenden Rechtfertigungsdruck auf Seiten des Be-Fragten (statt Ge-Fragten)		Frage: „Aus welchem guten Grund könnte die Person so handeln?" (= Herausfinden des „guten Grundes")
Kontrolle		Selbstorganisation
Vergangenheits-Schau		Zukunfts-Blick
Pathologie (Fokus/Fixierung/Perpetuierung auf die/der Krankheitsursache)		Salutogenese (Heil-Sein/Heil-Werden ist möglich)

3.2.6 Die Annahme: „Keine Lösung ohne Preis"

Dies bezieht sich sowohl auf die „Kosten", welche für eine Lösungsherbeiführung erforderlich werden (z. B. Konflikte; Beziehungsabbrüche; Rollen-Klarstellungen; Aufgeben/Loslassen von „etwas") als auch faktische Kosten für die Dienstleistung der Beratung als solche.

Handwerkszeug 4

4.1 Wie geht denn nun Systemik?

In erster Linie:

- Haltung (ein-) (und aus-) üben,
- Haltung, Haltung, Haltung
- üben, üben, üben …

Dies ist ein langwieriger, im Grunde lebenslanger (Reifungs-) Prozess bei kontinuierlicher (Selbst-) Reflexion – seitens des Klientensystems sowie des Beraters!

Darüber hinaus:
Das klare Ziel jeder Intervention ist, die *Selbstverantwortlichkeit des Klienten(-systems) zu stärken und ihn dadurch in seiner Selbstmächtigkeit, seinem Empowerment zu unterstützen.*

Basis dafür ist die systemische Sichtweise, dass jeder Klient/jedes Klientensystem die für die individuelle Lösung nötigen Ressourcen und Lösungsansätze bereits in sich trägt und „mitbringt". Die (unter anderem daraus resultierende) klare innere Haltung der bedingungslosen Annahme des Klienten(-systems) und der konsequent gelebten Augenhöhe in jedwedem Kontakt mit ihm.

Zusätzlich gibt es einen reichhaltigen Methoden-Koffer, dessen ausführliche Darstellung hier den Rahmen sprengen würde, weswegen hier einige kurz aufgezählt werden, für eine vertiefende Beschäftigung mit ihnen allerdings auf die vielfältig

© Springer Fachmedien Wiesbaden GmbH, ein Teil von Springer Nature 2020
A. Kutz, *Systemische Haltung in Beratung und Coaching,* essentials,
https://doi.org/10.1007/978-3-658-29686-5_4

vorliegende Literatur sowie diverse Kurzerläuterungen im Internet verwiesen wird.

4.2 Joining

Die Basis für jede ressourcen- und lösungsfokussierte Intervention – egal in welchem Kontext – lebt von der Gründlichkeit, mit welcher dem Berater der Kontakt-, Beziehungs- und Vertrauensaufbau zum Klienten(-System) gleich zu Beginn eines Beratungsprozesses und dann später in der ersten Sitzung gelingt.

Je besser die Beziehungsgestaltung, desto intensivere Veränderungsarbeit gelingt. Denn eine gelungene Beziehungsarbeit mit dem Klientensystem lässt die Interventionen überhaupt erst auf fruchtbaren Boden fallen. Nur bei Vorliegen eines gehörigen Maßes an „Beziehungskredit" beim Klienten sind Konfrontationen, also die systemisch-wirksamen liebevoll-verstörenden Impulse durch Hinterfragen der aktuellen Umstände erst möglich und nur dann für ein systemisches Verstören nicht mehr brauchbarer System-Muster zielführend.

Dieses *Joining im engen Sinn,* also zu Beginn einer ersten Sitzung, bezieht sich auf die Gestaltung des „Ankommen-Prozesses" des Klienten, der z. B. danach gefragt wird, wie es ihm geht, wie die Anfahrt war etc. – im Grunde eine Art Aufwärmphase mithilfe allgemeiner Gesprächsthemen im Sinne des „small talks".

In meiner Beratungsarbeit lege ich mental diesen Joining-Zeitpunkt ganz *gezielt bereits mindestens vor den* Erstkontakt (Telefon oder E-Mail) im eigentlichen Beratungskontext.

Denn für mich beginnt dieser *Vorgang des Joinings nach meiner Erfahrung noch deutlich früher als mit dem eigentlichen Beratungskontext,* nämlich mit jedem Erstkontakt mit jemandem oder etwas – egal wo, wie oder durch welche Umstände dieser stattfindet. Auch dafür ist die kontinuierliche Haltungs-Ein- und Ausübung so relevant. Die allgegenwärtige ressourcen- und lösungsfokussierte Herangehensweise an Menschen, Kontexte und Umstände bereiten den Boden für jede systemisch fundierte Weiterentwicklung.

Dies ist zusätzlich einer der universellen Anwendbarkeitsgründe dieser systemischen Grundhaltung.

4.3   Auftragsklärung/Contracting/Systemische Schleife/n

Eine große Bedeutung misst der systemische Kontext der sog. *Auftragsklärung* bei.

Im Rahmen dieser Auftragsklärung werden die jeweiligen *expliziten und impliziten „Aufträge"* des in die Beratung kommenden Klientensystems und des dieses Klientensystem umgebenden Kontextes und auch diejenigen des Beraters selbst (Stichwort: Eigeninteresse des Beraters am „Erfolg" der Beratung) geklärt, um eine klare Sicht von allen Beteiligen auf bzw. für „Machbares" zu ermöglichen.

Nur wenn für alle Beteiligten klar ist, was das Ziel der Beratung, wann sie erfolgreich im Sinne des Klienten(systems) ist, welche verdeckten zusätzlichen Aufträge – von welcher Seite auch immer – evtl. diesen Erfolg verhindern könn(t)en, kann am Ende ein Abgleich erfolgen, ob die Lösung den Parametern des vom Klientensystem erwarteten Erfolges entspricht.

Folgende Differenzierung hilft, eine klare Sicht darauf zu bekommen:

• Was ist der *Anlass* für diese konkrete Beratung?
• Was ist das individuelle *Anliegen* des Klientensystems?
• Weiß ich als Berater genau, was mein Klientensystem von mir erwartet, vor allem in welcher Rolle er mich sieht? *(Auftrag)*
• Bin ich als Berater bereit und in der Lage, diese Rolle an- und einzunehmen? *(Contracting)*.

Sog. *Systemische Schleife/n* sind dann vorzunehmen („zu drehen"), wenn sich im Beratungs-Prozess herausstellt, dass entweder neue Kontext-Aufträge hinzugekommen sind oder zu Beginn implizite Aufträge übersehen/nicht offengelegt/bewusst verschleiert/nicht transparent gemacht wurden (s. Abb. 4.1). Um den Beratungsprozess weiter sauber durchführen zu können, ist ein erneutes „Zurückgehen" in die Auftragsklärung mit Explizierung der neuen Aufträge und Adjustierung, ob weiterhin in diesem Setting ein Contracting fortbestehen soll/kann, vorzunehmen.

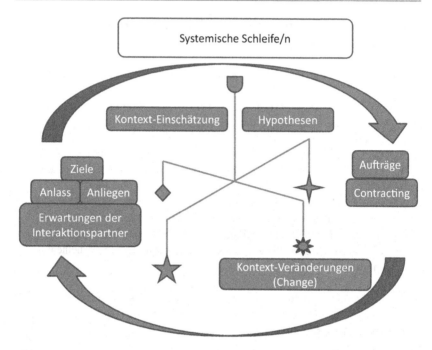

Abb. 4.1 Systemische Schleifen. (© Angelika Kutz 2020)

4.4 Setting-Gestaltung

Da sich allein zur Setting-Gestaltung ein weiteres komplettes Essential füllen ließe, hier nur in aller Kürze: Setting ist im Grunde alles.

Es beginnt bereits vor dem Erstkontakt; wie ein Telefonanruf angenommen wird, eine E-Mail gelesen oder geschrieben wird, mit welchen Worten sie gefüllt und beendet werden. Auch dabei kommt es zu allererst wieder auf die innere Haltung an, mit welcher dies geschieht.

Setting ist …

- die Auswahl des Beratungsortes (neutral), der Situation in Größe und Ausstattung angemessen, Privatheit, Ruhe, Ungestörtheit und Arbeitsatmosphäre gleichzeitig gewährleistend.

- wie der Raum ausgestattet/gestaltet wird, wie die Intervention angelegt wird, wie die Teilnehmenden begrüßt/verabschiedet werden.
- die individuelle Auswahl und Anwendung der diversen Methoden und Vorgehensweisen aus dem (systemischen) Handwerkszeugkasten.

Auch für alle Aspekte des Settings gilt: alles hat Aus- und Wechselwirkung mit allem. Zu den kontinuierlichen Beobachtungsaufgaben des Beraters gehört – zusätzlich zu den unten beschriebenen Beobachtungs-Blickwinkeln des Beraters – auch diese (Setting-) Wirkungen mit im Auge zu behalten, um ggf. für eine (weitere) Prozessverbesserung notwendige Adjustierungen im Setting vornehmen zu können.

Der *besondere Vorteil des systemischen Settings* ist seine *Flexibilität.* Auch hier ist wieder einzig entscheidendes Kriterium: welches Setting ist für das individuelle Klientensystem das geeignete. Es richtet sich konsequent nach den Klienten-Bedürfnissen.

So werden auch längere „en bloc"-Sitzungen in größeren Abständen möglich. Gepaart mit der zügigen und nachhaltigen Wirksamkeit der systemischen Methode, kommt dieses Beratungsformat mit vergleichsweise wenigen und ggf. auch weit auseinanderliegenden Sitzungen aus.

4.5 Methoden-Beispiele

Aufgrund der Fülle systemischen Methoden-Handwerks kann hier nur eine kleine Auswahl vorgestellt werden.

4.5.1 Umformulieren/Reframing

Auf Basis der konstruktivistischen Grundannahme der Systemik konstruieren sich Klienten(-Systeme) ihre „Landkarten" nicht nur jeweils selbst, sondern systemische Interventionen können auch durch Kommunikation, Gespräche und sprachliche (Um-) Deutungen (z. B. Reframing) neue Wirklichkeiten und damit Lösungen konstruieren und ent-wickelt helfen (sog. *problemauflösende Konstruktionen*) (s. Tab. 4.1).

Tab. 4.1 Systemisches Reframing

Linear-kausal	Systemisch
„Warum …. ?"	„Aus welchem guten Grund….?"/„Wofür?"
„Aber…" … „Es ist so…"	„Möglicherweise…" „Es könnte sein…"
„müssen; sollen"	Konjunktive: „könnte; würde; dürfte…."
„ich kann (das) nicht"	„ich habe es bisher **noch** nicht probiert/umgesetzt"
„Das geht nicht, weil…"	„Mal angenommen+Konjunktiv …"
Person X hat eine Depression	Person X scheint in Kontext A in manchen Situationen/ in Gegenwart bestimmter Umstände/Personen zuweilen traurig wirkende Verhaltensweisen zu zeigen.
Label zu verteilen	Den Kontext beachten und die Ausnahmen aufspüren
Fokus auf Symptome legen	Fokus auf Ressourcen lenken
Rückwärtsgewandt	Zukunftsorientiert
„ich will das nicht (mehr)"	„ich entscheide mich für…"

Reframing (Reframen) bedeutet, *festgefahrene Kommunikations- oder Verhaltensstrukturen umzudeuten* bzw. wie *in einen neuen Rahmen, einem neuen Licht erscheinen zu lassen, sie in einen anderen Kontext setzen.*

Beispiel

Statt „*Mein Familienangehöriger X ist einfach eine Katastrophe"* – sanft sofort nach diesem Satz eingeworfene Korrektur durch den Berater: „*Mein Familienangehöriger X zeigt in diesen konkreten Lebensumständen mit den dazugehörigen Kontexten im Moment noch scheinbare eigene Schwierigkeiten."*

Die liebevoll-verstörende Wirkung durch die sofort angestoßene Blickwinkel-Verschiebung erfolgt unmittelbar und hat bereits etwas verändert!

Der Sprachstil bleibt dabei jederzeit offen und revidier- und erneuerbar.

Einziger Gradmesser: Nützlichkeit für die liebevoll-verstörende Verwirrung der festgefahrenen Muster des Klientensystems.

Ob dies durch eine (Um-) Formulierung gelungen ist, wird sofort anhand der verbalen und non-verbalen Äußerungen des Klienten unmittelbar ersichtlich.

Ziel des Reframings ist, *Lösungen* durch ein Verflüssigen des erstarrten Problem-Fokus *zu ermöglichen.* Reframing trägt dazu bei, dass der Klient seine Situation in einem anderen Licht, von anderen Seiten und evtl. auch aus der Perspektive der weiteren Kontextbeteiligten und Systemmitglieder betrachten kann. Der dadurch unterstützte *Perspektivwechsel* ist ein weiterer Baustein zur Verflüssigung der Problemsituation und der Bodenbereitung für Lösungsoptionen/Lösungen.

Eindrucksvoll ist auch die generelle *Umdeutung von Krankheiten in Fähigkeiten* durch **Peseschkian** (2002). So beschreibt er z. B. ein/en

- Herzinfarkt als die *Fähigkeit, sich Dinge zu Herzen nehmen zu können,*
- Bandscheibenvorfall als die *Fähigkeit, nicht zusammenzubrechen,*
- Magengeschwür als die *Fähigkeit, viel herunterschlucken zu können.*

Seine Sichtweise fügt sich zudem nahtlos in die *ganzheitlichen Betrachtungsansätze* der Systemik sowie der *Psychosomatik* ein und steht in einer Reihe mit dem ebenso systemisch-ganzheitlich zu verortenden *Salutogenese-Ansatz* von **Antonovski** und der *Resilienzforschung.*

4.5.2 Timeline

Die Arbeit mit der Timeline/Lebenslinie hilft, Ressourcen sichtbar werden zu lassen und auch „rote Fäden"/wiederkehrende Muster zu erkennen (s. Abb. 4.2).

4.5.3 Soziogramm

Ein Soziogramm eignet sich vor allem gut, um (Beziehungs-)Ressourcen sichtbar und erfahrbar zu machen und um den Blick auf das schon Vorhandene und gut Funktionierende im Klientensystem zu lenken. Die jeweiligen Beziehungsgeflechte und -intensitäten, sowie -qualitäten werden im Wortsinne sichtbar (s. Abb. 4.3).

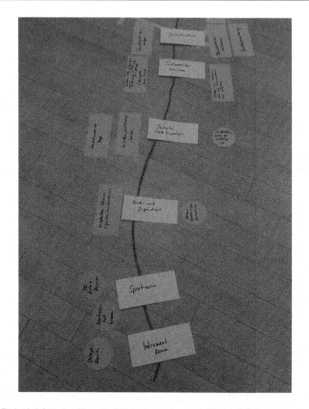

Abb. 4.2 Beispiel für eine Timeline-Arbeit. (© Angelika Kutz 2020)

4.5.4 VIP-Card

Mithilfe der VIP-Card kann die Ausgeglichenheit der Lebensbereiche visualisiert werden. Das schon Vorhandene/Gut-Funktionierende kann verdeutlicht und gleichzeitig vom Klientensystem gewünschte Veränderungsbereiche identifiziert werden (s. Abb. 4.4).

Abb. 4.3 Beispiel für eine Soziogramm-Arbeit: „Wenn Therapie zur Kunst wird." (© Angelika Kutz 2020)

4.5.5 Genogramm-Arbeit

Das Genogramm ist ein weiteres, hoch wirksames Arbeitsinstrument der Systemik. Grundlage bildet die schematische Darstellung des Familienstammbaums. Gepaart mit den übrigen systemischen Herangehensweisen lässt sich das Genogramm in Kombination mit nahezu allen, ein Klientensystem stärkenden Interventionen (Ressourcenaufdeckung; Mustererkennung und -hinterfragung, Arbeiten mit Anteilen und Bildkarten etc.) kombinieren, was es zu einem der wirkungsstärksten und besonders nachhaltigen Mittel der Systemik macht.

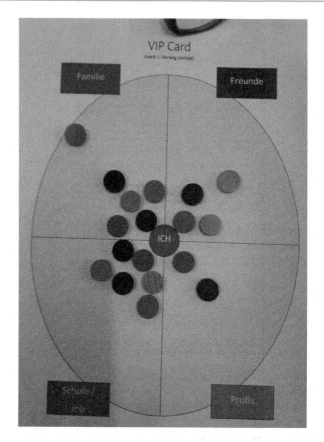

Abb. 4.4 Beispiel für eine VIP-Card. (© Angelika Kutz 2020)

▶ Nach meinen Beratungserfahrungen ist die Genogrammarbeit eine hochwirksame Intervention mit Tiefen- und Langzeitwirkung.

Beispiele für Genogramme finden sich unter: https://de.wikipedia.org/wiki/ Genogramm.

4.6 Minimalinvasive Kurzzeit-Intervention nach De Shazer/Berg

Je mehr ich meine Vorgehensweise von der Systemik habe inspirieren lassen, desto minimalinvasiver wurde mein Beratungsstil.

Am meisten von allen Vordenkern und weisen Männern und Frauen, welche uns den Weg durch ihre Haltung, Menschenliebe und Demut im Beratungskontext bereitet haben, fasziniert mich persönlich immer und immer wieder die Herangehensweise von **De Shazer** und seiner Frau **Insoo Kim Berg**. Dankenswerterweise gibt es wunderbare Literatur, anhand derer der einmalige Arbeitsstil dieser Pioniere nachvollzogen werden kann, so dass ihr Wissen und ihre Methoden weitergegeben werden können. Auch hier muss für Details auf die Original-Literatur verwiesen werden.

Die Methodik entfaltet ihren Charme durch das konsequente Erfragen von Ausnahmen, von Ressourcen, die Fokussierung und gezielte Lenkung des Klienten- Blicks auf die schon vorhandenen, funktionierenden Anteile – weg von Defiziten und (ausschließlicher) Vergangenheitssicht.

Um Missverständnissen vorzubeugen: alle Techniken mit Vergangenheitsblick (Genogramm, Lebenslinie etc.) haben – an den richtigen Stellen verwandt – durchaus eine wichtige und richtige Funktion und vor allem den Zweck, Muster zu verdeutlichen, „rote Fäden" sichtbar zu machen, und zwar in zweifacher Hinsicht: den Blick zu öffnen für das, was an Ressourcen evtl. noch nicht gesehen wird/wurde und auf das, was einer Lösung – bisher noch – im Wege stehen könnte.

Das Entscheidende ist nach meiner Erfahrung allerdings, dort eben nicht stehen zu bleiben, sondern all diese „Vergangenheits"-Arbeit konsequent für die Zukunftsausrichtung und Lösungsfokussierung sowie Ressourcen-Hebung zu nutzen, um den Klienten aus seiner Problem-Trance herauszuführen und ihm die Möglichkeiten, welche in ihm stecken, welche er „nur" ergreifen „muss", zur Entfaltung zu bringen.

Dies gelingt mit der **De Shazer/Berg**-Technik deswegen so gut, weil sie konsequent auf die „gesunden", funktionierenden Bereiche, das schon Vorhandene und für den Klienten Nützliche fokussiert.

Sie gehen sogar soweit, zu sagen, dass sie das Problem gar nicht kennen müssen, um dem Klienten zu seiner Lösung zu verhelfen. Dies zeigt, wie mächtig diese Methodik – sauber, respektvoll und aus der konsequenten systemischen Haltung heraus angewandt – in ihrer minimalinvasiven Vorgehensweise ist.

Dies macht sie extrem wirkungsvoll und zudem sehr schnell und vor allem nachhaltig wirkend.

Was muss der Berater/Coach mitbringen?

- Die systemische Grundhaltung
- Abgrenzungsfähigkeit/Rollenklarheit
- Einen Allround-Beobachtungs-Blick
- Eine Allround-Zuhör-Fähigkeit/Aktiv zuhören können
- Empathie für die Hypothesenbildung mittels systemischer Fragen und das aktive Zuhören
- Parallele Selbstreflexions-Fähigkeit und Abgrenzungs-Mechanismen-Abruffähigkeit
- Sich zurücknehmen können
- Demut
- Ehrlich-authentisch interessierte Neugier am Klienten (-System)
- Ehrlich-authentisches Interesse am Gegenüber im Allgemeinen
- Kreativität
- Bewusstsein, dass (diese) (Veränderungs-) Prozesse Zeit brauchen
- Fähigkeit zu „innerlichem Leermachen" für den „unwissenden Standpunkt"
- Konsequente Haltung der Augenhöhe dem Klienten-System gegenüber
- Fähigkeit zu liebevoller Verstörung und Neuformung von lösungsfokussierten Realitäten

Die beschriebene *systemische Grundhaltung* mit all ihren Facetten ist *essentielle Voraussetzung,* systemisch arbeiten zu können.

Die Systemik legt zudem großen Wert auf die *Abgrenzungsfähigkeit,* die Selbstfürsorgefähigkeit des Beratersystems, weil nur ein in sich stabiler und ausbalancierter Berater die anspruchsvolle Prozessbegleitung mit allen dafür notwendigen Haltungs- und Methodenfacetten zu gewährleisten in der Lage ist.

© Springer Fachmedien Wiesbaden GmbH, ein Teil von Springer Nature 2020   41
A. Kutz, *Systemische Haltung in Beratung und Coaching,* essentials,
https://doi.org/10.1007/978-3-658-29686-5_5

Dazu gehört auch, dass der Berater sich jederzeit über seine Rolle, auch diejenige, welche ihm evtl. vom Klientensystem übergestülpt werden soll, klar ist *(Rollenklarheit)* und etwaige diesbezügliche Schieflagen klar anspricht *(Transparenz)* und im Dialog *(Augenhöhe)* klärt bzw. (auf-) löst.

Einen *Allround-Beobachtungs-Blick,* also die Fähigkeit, das Geschehen, den Klienten/das Klientensystem und sich selbst gleichzeitig und kontinuierlich sowohl auf der Basisebene als auch gleichzeitig auf der sog. *Metaebene* ständig zu beobachten und zu analysieren (s. Abb. 5.1).

Der *zweite parallel geforderte Sinneskanal* neben dem visuellen gleichzeitigen Im-Blick-Haben/Beobachten mehrerer Ebenen ist der *akustische;* eine *Allround-Zuhör-Fähigkeit.* Denn gleichzeitig zu den diversen Beobachtungs-Perspektiven muss der Berater auch auf diversen Tiefenebenen äußerst *genau und vielschichtig zuhören können.*

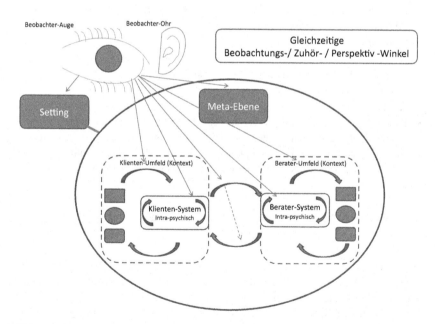

Abb. 5.1 Gleichzeitig vom Berater/Coach zu beachtende Arbeits-Ebenen. (© Angelika Kutz 2020)

Dies ermöglicht ihm, gleichzeitig *Hypothesen* über die inneren, im Klienten (-System) ablaufenden Vorgänge und alle (äußeren) Interaktionen (intra- und interpersonell) *zu bilden,* egal, ob diese gerade stattfinden oder vom Klienten „nur" gerade geschildert werden, und daraus – wiederum zeitgleich – Überlegungen für hilfreiche und dem Klienten nützliche Interventionsangebote machen zu können.

Eine wesentliche Grundvoraussetzung dafür ist neben einer großen Portion *Empathie,* dass der Berater komplett *„bei dem Klienten" ist und bleibt* und in der Lage ist, *sich selbst als Person komplett zurückzunehmen.* Letzteres macht Zuhören zu einer für manche so schwer oder sogar nie erlernbaren Kunst.

Um die Herausforderung noch komplexer zu machen, muss er – als *dritte Ebene* – zusätzlich auch noch gleichzeitig sich selbst mit seinen eigenen Aufträgen und intra-psychischen Vorgängen genau im Blick haben, um *verantwortungsvolle Prozesssteuerung* einerseits und ebenso *verantwortungsbewusste Selbstreflexion mit ggf. erforderlich werdenden Abgrenzungsmechanismen (ggf. unterstützt durch gute Supervision)* walten zu lassen. Parallel zum konsequenten Hinterfragen der Ideen und Muster des Klientensystems muss der Berater auch sich selbst, seine Überlegungen, Hypothesen, Vorgehensweisen kontinuierlich hinterfragen.

Für die Hypothesenbildung anhand der Antworten auf systemische Fragen muss der Berater die *Kunst des aktiven Zuhörens beherrschen.* Damit dies gelingt, muss der *Berater über die Fähigkeit verfügen, sich komplett zurückzunehmen,* ausschließlich „beim" Klienten zu sein und sich parallel dennoch jederzeit in seinem Tun infrage zu stellen.

Dies funktioniert nur mit einer ausgeprägten Haltung der *Demut.* Dazu gehört auch das (demütige) Wissen darum, dass der Berater einem Klientensystem allenfalls Impulse und Anregungen von außen geben kann; durch freundlich-liebevolles Verwirren („liebevolles Verstören") der bisherigen Glaubenssätze und Überzeugungen dieses Klientensystems; (ver-) ändern muss sich das (Klienten-) System jeweils selbst, von innen heraus.

Notwendig für all diese Herausforderungen auf Seiten des Beraters ist eine *ehrlich-authentisch interessierte Neugier* auf die Person/en der/des Klienten-Systeme/s und die dazugehörigen Konstrukte und Anliegen, also ein *ehrlich-authentisches Interesse am anderen/am Gegenüber.*

Der Berater braucht ein gehöriges Maß an *Kreativität,* um die einzelnen Anteile/ Interaktionen für alle Anwesenden sichtbar werden zu lassen; z. B. durch entsprechende Visualisierungstechniken, Aufstellungs-Methodiken etc.

Das Bewusstsein, dass all diese *(Veränderungs-) Prozesse* beim Klienten(-System) *viel Zeit benötigen* und die *Geduld, jedem einzelnen Klienten* genügend, also *die von ihm individuell benötigte Zeit zu geben,* während der Intervention in sich hineinzuhören, hineinzuspüren, eine für den Klienten angemessene Zeit zwischen den Sitzungen zu gewährleisten, in welcher die Intervention ihre Wirkung entfalten kann.

Für die *konstruktivistische Grundhaltung* braucht der Berater den *„unwissenden Standpunkt".*
In diesem Zusammenhang spreche ich gerne von der dafür erforderlichen *Berater-Fähigkeit zum „Innerlichen Leermachen",* was dem Berater ermöglicht, die/se systemische Haltung einnehmen und ausstrahlen zu können. Er fungiert so als Resonanzfläche im Sinne eines Katalysators für die „Hebung" der Klienten-Ressourcen und dessen größtmögliches Empowerment mithilfe der Methoden der Systemik.

Der Berater benötigt eine konsequente Haltung der Begegnung auf *Augenhöhe* mit dem Klienten(-System) und der damit einhergehenden stringenten Haltung, dass ausschließlich der Klient (das Klientensystem) Experte für seine eigene Lösungen ist und nur dieser/s bestimmt, welche Lösungen/Lösungsschritte im Moment hilfreich und nützlich für ihn/es sind.

Die *Fähigkeit, das Klientensystem* durch Sprache, Verhalten und Interaktion *liebevoll zu verstören* und *gemeinsam mit dem Klientensystem neue Realitäten ressourcen- und lösungsfokussiert* durch weitere Interaktion, Umdeutung und Kommunikation *zu formen.*

Potenzielle Anwendungsgebiete 6

6.1 Universelle Anwendbarkeit

▶ Im Grunde sind alle Herangehensweisen und vor allem Haltungsaspekte der Systemik auf sämtliche Lebensbereiche anwend- und
übertragbar.

Je mehr ich mich mit der systemischen Haltung, dem systemischen Gedankengut und seinen Techniken beschäftigt habe, desto mehr bin ich zu der Erkenntnis gelangt, dass diese letztlich überall und jederzeit angewendet werden und ihre
Wirkung entfalten können. Mehr und mehr erscheinen sie (mir) universell und
damit überall und jederzeit für jeglichen Kontext geeignet, Dinge zu verbessern
und zu zügigen Lösungen beizutragen!

Nach der systemischen Vorstellung kann im Grunde alles als ein System
betrachtet werden. Teams, Organisationen, Staaten, Familiensysteme, der
Einzelne an sich, welcher aus einer Vielzahl innerer Anteile besteht (ähnlich dem
„inneren Team" von **Schulz von Thun**), ökonomische Umgebungen, Umwelt etc.

Dementsprechend treffen nach dieser Vorstellung dieselben Mechanismen bzgl. Kommunikation, Interaktion und Systemgedankengut auf alle
Lebensäußerungen zu, was es ermöglicht, diese Haltung, Sichtweise, Hand-
habungsmechanismen auch auf alle Bereiche anzuwenden.

▶ Dies ermöglicht eine im Grunde universelle Einsetzbarkeit dieser hoch
flexibel verwendbaren Methodik/en.

© Springer Fachmedien Wiesbaden GmbH, ein Teil von Springer Nature 2020   45
A. Kutz, *Systemische Haltung in Beratung und Coaching*, essentials,
https://doi.org/10.1007/978-3-658-29686-5_6

Zudem macht es sie extrem modern und für die aktuellen Herausforderungen der sich in einer bisher ungekannten Geschwindigkeit verändernden Lebensumstände zu einem äußerst probaten Mittel für einen Umgang mit diesem rapiden und schnell-lebigen Veränderungsgeschehen in allen heutigen Lebensbereichen. Die folgende Auflistung kann daher nur ein Ausschnitt aus möglichen Anwendungsfeldern sein:

- Einzel-Beratung/Coaching
- Paar-Setting
- Familien-Settings
- Teams
- Organisationen
- Führungskräfte-Entwicklung
- Stärkung von Führungskräften für die Leitung ihrer Teams und das Voranbringen der Ergebnisse
- Empowerment von Mitarbeiter/Teammitglied für die Verbesserung der (Team-) und (Arbeits-) Lösungen, des Teamerfolgs sowie innerhalb des Teams selbst
- als Unterstützung/Erleichterung für einen flexiblen und positiven, fast spielerischen Umgang mit Change für Führungskräfte und Mitarbeiter gleichermaßen
- zur Begleitung von Umstrukturierungen/Transformationen/Veränderungsbewältigung in Unternehmen und ganzen Wirtschaftszweigen
- als Förderung und Stärkung von Resilienz, also (psychisch-mentaler) Widerstandskraft, für den Einzelnen, für Teams, Organisationen etc. speziell in veränderungsintensiven Zeiten
- und vieles mehr...

6.2   Konkrete Methoden-Parallel-Anwendungsmöglichkeiten

Wie oben beschrieben beginnt jede systemische Intervention nach meiner Erfahrung schon lange vor dem eigentlichen Beratungsgeschehen.

Denn der für alle Wirksamkeit notwendige Prozess eines sauberen Beziehungsaufbaus *(Joining)* beginnt für mich mit jedem Erstkontakt mit jemandem oder etwas – egal wo, wie oder durch welche Umstände dieser stattfindet.

Findet dieser *Erstkontakt von vornherein auf Basis der beschriebenen systemischen Haltung* statt, nämlich unter der allgegenwärtigen ressourcen- und lösungsfokussierten Herangehensweise an Menschen, Kontexte und Umstände, bereitet dies – *egal in welchem Kontext* – den *Boden* für jede systemisch fundierte sowie *ressourcen- und lösungsfokussierte Weiterentwicklung.* Und dies auch unabhängig davon, ob ein „offizieller" Beratungsauftrag vorliegt oder ob es sich einfach um „alltägliche" Zusammenlebens-/Zusammenarbeitskontexte handelt.

Die aus dem *Konstruktivismus entnommene Erkenntnis, dass jeder* mit *seiner eigenen Landkarte* auf Dinge und Situationen schaut, ist wichtig für ein *Gelingen privater Vorhaben und beruflicher Zusammenarbeit* (z. B. in Projekten). Denn dafür ist es nötig, die jeweiligen, einzelnen Blickwinkel und Sichtweisen durch intensiven kommunikativen Austausch über diese – was viel *Empathie* und *aktives Zuhören* erfordert – und ausgerichtet an einer gemeinsamen Entwicklungsrichtung *zu einer gemeinsamen Landkarte zusammenzufügen.*

Eine damit zusammenhängende weitere wichtige, in meinen Augen allgemeingültige und dadurch vielseitig einsetzbare, grundsätzliche Herangehensweise besteht in der systemischen Vorstellung des Vertragsschlusses *(Contracting)* und des damit einhergehenden kontinuierlichen Abgleichs der jeweiligen offenen und verdeckten Erwartungen, Interessen- und Auftragslagen auf *allen* Seiten eines bestimmten Kontextes *(Systemische Schleife/n).*

Egal ob beruflich oder privat; es gibt immer diverse „Stakeholder" mit zu berücksichtigenden Interessen-Gemengelagen: das Klientensystem selbst, etwaig relevante system-interne oder auch externe Kontexte, das Beratersystem etc. Diese mithilfe der systemischen Herangehensweise sortieren zu können, stellt eine große Erleichterung für den Umgang mit den aus dieser Diversität resultierenden vielschichtigen Vorgängen dar.

Speziell dieses *Contracting mit den systemischen Schleifen* eignet sich nach meiner Erfahrung gut als *universelles Instrument für das „Aushandeln"* von *Interessen und zu deren Ab- und Ausgleich* in allen Lebensgebieten.

Für die heutigen *changierenden* und sich *so rasant wandelnden (Lebens- und Arbeits-) Umstände* ist die *systemische Herangehensweise* deswegen so *gut geeignet,* weil sie *den Wandel* möglichst flexibel und biegsam, ohne in Stagnation zu verharren oder ggf. an ihr zu zerbrechen, nicht nur besser zu überstehen, sondern ihn in *bestmöglichem Sinne mitzugestalten* hilft. Dies gelingt deswegen mit der systemischen Haltung besser, weil die systemische Herangehensweise *alle vorhandenen* System-*Ressourcen* für die bestmögliche Lösung *heranziehen* hilft und so in der Lage ist, das *bestmögliche gemeinsame Lösungsergebnis* zu erreichen.

Speziell in sehr volatilen Situationen im *Arbeitskontext mit hoher Komplexität bei gleichzeitiger Aufgabenfülle,* in welchen im Grunde niemand von Beginn an den kompletten Überblick über die Vielschichtigkeit der Gesamtsituation haben kann, ist sie hilfreich. Denn in diesem Kontext immer wieder unter der systemischen Haltung in diese *Systemischen Schleifen der Auftragsklärung* zwecks Abgleichs der jeweils aktuellen Interessen-Gemengelagen einzusteigen, *erhöht* die *Chance auf* bzw. trägt zu einer *ressourcenfokussierten Lösungsfindung* bei.

Systeme erhalten sich grundsätzlich im Sinne der Autopoise und Homöostase zwar selbst, neigen dabei allerdings zu Rigidität und Veränderungsaversion. *Langfristig bleiben sie* daher *nur bestehen,* wenn es ihnen dennoch gelingt, sich *rechtzeitig an Veränderungen flexibel und geschmeidig anzupassen.* Leider kommen Veränderungen häufig aber nicht durch wohlmeinende Worte von innen und/oder außen in Gang, sondern erst durch einen „Knall", welcher nicht selten den Untergang des Systems einleiten kann.

Der *Vorteil der Systemik* liegt in dem Vorgehen der *liebevoll-verstörenden Impulse* ohne den Anspruch an das (Klienten-)System, dass es sich zu ver-ändern habe *(Veränderungsneutralität).* Durch diese Kombination kann es sogar gelingen, interne Impulse aus dem eigenen System in dieses einzuspeisen, welche dann als Musterunter- oder -durchbrechungen systemseitig als Denkanstoß genutzt werden können. Aus der systemischen Haltung der Veränderungsneutrali-tät heraus ist es wiederum dem (Klienten-) System überlassen, ob bzw. in welcher Weise diese Impulse von ihm aufgenommen bzw. umgesetzt werden. Dadurch gibt es eine *Chance auf (rechtzeitige) Veränderung* von innen, vor allem, wenn sich das System als *lernendes System* herausstellt.

Kommen diese Faktoren zusammen, eignet sich die systemische Heran-gehensweise ganz besonders gut, den heute immer wichtiger werdenden *kontinuierlichen Verbesserungsprozess (KVP),* speziell in Unternehmen, aber auch in allen anderen Lebensbereichen, durch kontinuierliches, rechtzeitiges Change-Management zu unterstützen.

Dies ermöglicht, Lösungsoptionen konsequent zu erarbeiten, zu ergreifen und dann verantwortlich mit den Ergebnissen, anhand der sich jeweils wandelnden Lösungsmöglichkeiten zu agieren[1].

---

[1]Zu weiteren Gedanken, wieso wir vielfach nur reagieren statt gestaltend zu agieren, siehe die beiden weiteren Springer Essentials: Toxische Kommunikation als Krankheitsursache in Unternehmen, ISBN 978-3-658-12892-0; Double-Bind-Kommunikation als Burnout-Ursache, ISBN 978-3-658-21916-1 (Print), ISBN 978-3-658-21917-8 (E-Book).

6.3   Besondere Aspekte für Führungskontexte

Die systemische Sicht betrachtet Menschen und lebende Systeme als „nicht-triviale Maschinen", welche allerdings meist auf Vereinfachung, Trivialisierung und Stereotypisierungen komplexer Zusammenhänge angewiesen sind, um die mit dieser Komplexität einhergehende Unvorhersehbarkeit und (eigene innere) Verunsicherung und Unsicherheit dadurch zu reduzieren.

Aus systemischer Sicht ist aufgrund dieser Betrachtungsweise der „Nicht-Trivialität" *keine exakte Vorhersage menschlicher Reaktions- und Verhaltensweisen* generell und ebenso nicht innerhalb von Systemen möglich. Die daraus für Berater abzuleitende Erkenntnis, dass *Prozesse* letztlich *nicht (bis ins Letzte) instruktiv gesteuert werden können,* sondern es immer wieder nur Wechselwirkungen aufgrund von Impulsen und Anregungen geben kann, lässt sich ebenso für Führungskontexte heranziehen.

Letztlich „entscheidet" jedes Sub-System, also jeder Mitarbeitende, jedes Team-Mitglied, jede Abteilung, jede (Sandwich-) Führungskraft, jede Tochtergesellschaft etc. selbst, welche Impulse in welcher Weise von ihm/ihr aufgenommen bzw. umgesetzt werden.

Berater wie Führungskräfte können also *zwar Impulse in ein System geben, durch ihr Vorbild vorangehen,* durch ihr Vorleben von ihnen wichtigen Wertvorstellungen ein Beispiel geben, und in Wechselwirkung im jeweiligen Kontext evtl. dadurch wirksam werden. Ein (bis ins Letzte) Beeinflussen im Sinne von Steuern mit einem konkret und eindeutig vorhersehbaren Ausgang wird nach systemischer Sicht eher weniger funktionieren (können).

Je komplexer unsere (ökonomischen und arbeitsmäßigen) Umfelder werden, desto massiver wird der Wunsch nach Komplexitätsreduktion/Komplexitätsreduzierung seitens aller Organisationsangehöriger, einschließlich der Führungskräfte, werden, und gleichzeitig wird eine dezidierte Steuerbarkeit immer schwieriger für alle Akteure in diesen Systemen.

Deswegen wird nach meiner ganz persönlichen Einschätzung die *systemische Haltung* zu diesen *massiv und rasant an Komplexität zunehmenden (Arbeits-) Kontexten extrem wichtig* werden, *um* aufgrund der Geschwindigkeit der Veränderungen um uns herum nicht in Angst-Starre zu verfallen, sondern vielmehr mithilfe dieser systemischen Denkungs- und Haltungsbestandteile *flexibel im Fluss zu bleiben/bleiben zu können,* um jeweils *angemessen auf die rasanten Veränderungen eingehen zu können.*

Ganz bewusst verwende ich hier „eingehen" zu können – statt reagieren – weil darin die Gestaltungsmöglichkeit, die (Selbst-)Verantwortungsübernahme für die eigenen Möglichkeiten trotz oder gerade aufgrund der Veränderlichkeit mitschwingt.

Gerade in den globalisierten, sich in massiver Weise und rasantester Geschwindigkeit wandelnden Kontexten und Umfeldern ist ein Einüben der systemischen Haltung für meine Begriffe daher nicht nur hochgradig hilfreich, für den einzelnen, für Führungskräfte und ganze Unternehmen und Organisationen, sondern für eine Sicherung des Überlebens, auch am Markt, eminent wichtig.

▶   Alles, was einen guten Berater ausmacht, ist nach meiner Erfahrung
     also ebenso hilfreich für die Führungsrolle (für alle anderen (Mit-
     arbeiter) natürlich auch…), nämlich:

Basierend auf offener Neugier und authentischem Interesse an dem Individuum, dem individuellen Mitarbeiter, Kollegen, Vorgesetzten und allen auftretenden „Konstrukten" und Systemkontexten (noch) (mehr) Fragen stellen und respektvoll-achtsam zuhören, Interaktionen und (verbale wie non-verbale) Kommunikation beobachten, unterschiedliche Perspektiven einnehmen, um die jeweiligen (berechtigten) Interessen erkennen und Hypothesen zu möglichen guten Gründen bilden zu können, die jederzeit revidierbar sind, wenn sich Anzeichen für eine entsprechende Notwendigkeit für eine Revidierung ergeben, um (wertfreie) Hypothesen und Interventionsoptionen, die den Lösungsprozess fördern könnten, zu bilden.

Auch die für den systemischen Berater hoch wichtige und für eine saubere Prozesssteuerung notwendige klare Sicht auf etwaige „eigene Aufträge" im Beratungskontext ist eine gute Parallel-Anregung aus der systemischen Vorgehensweise für Führungskontexte.

So wie ein *systemischer Berater kontinuierlich* seine eigenen *(Selbst- oder Fremd-) Aufträge* für die Beobachtung des Interaktionsgeschehens *kennen und in* die *(Selbst-) Steuerung* mit *einbringen* (können) muss, ist eine *ebensolche klare Sicht einer Führungskraft auf ihre* jeweiligen *Eigeninteressen und/oder Fremd-Aufträge* (durch wiederum eigene Vorgesetzte oder Kunden-/Projektaufträge) notwendig, um sich in den ohnehin meist unübersichtlichen Gemengelagen besser zurechtfinden zu können, vor allem eine *eigene „Linie" zu finden,* welche sich dann durch daran ausgerichtete *klare Signale* wieder *als Impulse in das Interaktions-System hinein* fortsetzen kann.

Die Kunst ist dann wiederum, die *Folgen dieser Impulse „erst einmal wertneutral"* als interessante Anregung und getragen von der systemischen Ressourcensicht auf die Dinge *als ein* zunächst erst einmal *wertfrei zu betrachtendes Impuls-Ergebnis* anzusehen, anzuerkennen und es in seinen vielleicht hilfreichen Facetten zu würdigen und wertzuschätzen, und erst in einem weiteren Schritt ggf. weitere Adjustierungen anzuregen.

Dies *unterstützt* dabei, *Möglichkeiten und Lösungen* hervorzubringen, welche *vorher gar nicht absehbar* gewesen wären, sich jetzt bei neutraler Betrachtung allerdings *vielleicht viel hilfreicher* erweisen können *als alles bisher „akribisch Vorgeplante"*.

Systemik – ja bitte und dennoch nicht blindlings-uneingeschränkt 7

7.1 (M)Ein klares „JA" zur Systemik

Dieses „JA" resultiert aus meinen Beobachtungen während meiner langjährigen Tätigkeit in diversen Beratungskontexten, welche ich hier in einer kurzen Gegenüberstellung zusammenfassen möchte.

Mein bedingungsloses „ja" zur Systemik resultiert vor allem aus dem Gesichtspunkt, dass die der Systemik immanente, wertschätzende, neutrale und positive Haltung Menschen, Dingen, Veränderungen etc. gegenüber Grundvoraussetzung für ressourcen- und lösungsfokussierten Umgang mit allen Lebensvorgängen ist und als solche (über-) lebensnotwendig ist für ein friedliches und gedeihliches (Zusammen-) Leben.

Der *Königsweg* besteht nach meinen Erfahrungen in einem *allzeit verantwortungsbewussten Umgang mit beratenden Techniken in Kenntnis der eigenen Grenzen* sowie in der *klugen Kombination der diversen verfügbaren Denk- und Beratungs-Richtungen* und zwar *ausgerichtet am Wohl des Klienten, welches der nach meinem Dafürhalten einzig gültige Maßstab ist.*

Zwar gibt es Bereiche, Konstellationen, Klientenstrukturen, Systeme und und Kontexte, welche mit den Mitteln anderer Interventionen (z. B. Psycho-Therapie) zu besseren Ergebnissen kommen können. *In deutlich mehr Fällen* haben sich nach meinen Erfahrungen allerdings für ein Klientensystem die *besseren Lösungen im Rahmen von systemischen Interventionen* ergeben.

Für meine Begriffe hängt dies mit der (vor allem das Selbstwertgefühl des Klienten) stärkenden Vorgehensweise mithilfe der Mischung aus „Empowerment"

© Springer Fachmedien Wiesbaden GmbH, ein Teil von Springer Nature 2020   53
A. Kutz, *Systemische Haltung in Beratung und Coaching,* essentials,
https://doi.org/10.1007/978-3-658-29686-5_7

und dem dadurch ausgelösten Prozess des „Sich-Seiner-Selbst-Bewusst-Werdens" bei gleichzeitiger Anregung zur „Selbst-Verantwortungs-Übernahme" des Klienten zusammen. Beides trägt zu der klientenseitigen Erfahrung von „Selbst-mächtigkeit" bei, eine der wichtigen Komponenten eines gefestigten, stabilen Selbstwertgefühls. Durch systemische Interventionen werden Klienten also ihrer selbst mächtig, wodurch sie stark und zu starken Persönlichkeiten werden; eben „Empowerment" im besten Sinne.

Die Gegenüberstellung in Tab. 7.1 unterstreicht die stärkende, in die Aktion führende Wirkungsweise des systemischen Ansatzes.

Allerdings suchen erfahrungsgemäß auch nur diejenigen systemische Beratungs-kontexte auf bzw. nehmen die ihnen von dieser Methodik gemachten Angebote an, welche bereit sind, eben genau diese Selbstverantwortung für sich und ihre Handlungen zu übernehmen.

Dies beginnt damit, einen echten Veränderungswillen zu haben und endet mit der Bereitschaft, die Beratung als Dienstleistung angemessen zu bezahlen. Beides ist Ausdruck von Selbstverantwortlichkeit.

Meine Erfahrung ist, dass diejenigen, die eher in der Opfer-Rolle verharren wollen, also keinen echten Veränderungswillen mitbringen, sich ihren Eigen-anteilen an der Stagnation ihres Klientensystems nicht zu stellen bereit sind, eher kassenfinanzierte Therapieangebote aufsuchen werden. Getreu **Luhmann** muss sich ihr Klientensystem dabei auch nicht ein Jota verändern, was schlicht bequem ist. Bis das (Klienten-) System kollabiert bzw. sich selbst abschafft – durch was auch immer[1].

Meine Erfahrung ist leider auch, dass es vielfach erst genau diesen totalen „crash", den Totalzusammenbruch aller Kontexte in und um ein (Klienten-) System herum braucht, um die Veränderungsnotwendigkeit „einzusehen"[2].

---

[1]Zu möglichen diesbezüglichen Erklärungsansätzen, siehe die beiden weiteren Springer Essentials: Toxische Kommunikation als Krankheitsursache in Unternehmen, ISBN 978-3-658-12892-0; Double-Bind-Kommunikation als Burnout-Ursache, ISBN 978-3-658-21916-1 (Print), ISBN 978-3-658-21917-8 (E-Book).

[2]Kommt diese Einsicht zustande, ist systemische Herangehensweise das Mittel der Wahl – egal in welchem Alter sich diese Einsicht einstellt. Systemik (und – fast – jede andere Intervention) funktioniert **bei vorhandenem Veränderungswillen** in jeder Altersklasse.

Tab. 7.1 Systemische Intervention

Therapie	Systemische Intervention
←	→
Vergangenheits-Schau	Zukunfts-Fokus
Rückwärtsgewandt	Vorwärtsgewandt
Verharren in der Problem-Trance	Lösungs-Fokus
Vertiefung, Perpetuierung alter Muster	Liebevoll-zärtliche Verstörung alter Muster, um neue, angepasste Verhaltensweisen anzuregen
Entweder – oder	Sowohl – als auch
Gesund – krank	Kontinuum und kontextabhängig
Schubladen/Diagnosen	Gestalt- und Veränderbarkeit
Rigidität	Flexibilität
Verstrickung in alte Muster	(Weiter-) Entwicklung, (Nach-) Reifungsprozess
Perpetuierung des Status Quo	Wandel/(rechtzeitige) Veränderung/Change
Subventionierung der Opfer-Rolle	Anregungen zur (Selbst-) Verantwortungs-Übernahme
Hängematte	Selbst-Verantwortungs-Förderung
„Pämperitis"/Kollektive „Staats"-Pämperitis	Autarkie/Autonomie
Versorgung	Eigenverantwortung/Selbstverantwortung
Zuweisung der Kind- und Abhängigkeits-Rolle	Anregung zur Einnahme der Erwachsenen-Rolle
Stagnation	Flexible, kontinuierliche Anpassung und Weiter-Ent-Wicklung
Kassenfinanziert = die Gesellschaft/das Kollektiv zahlt für „Reparatur"	Selbstfinanziert = der Einzelne/das Individuum investiert in Weiter-Entwicklung
Schwere	Leichtigkeit
Erstarrung/Tod	(Über-) Leben
System-Kollaps	Rechtzeitige System-Adaptierung an sich ändernde/wandelnde Umstände
Reparieren	Prävention
Pathogenese	Salutogenese
Fokus Pathologie	Fokus auf Funktionierendem

(Fortsetzung)

Tab. 7.1 (Fortsetzung)

Therapie	Systemische Intervention
Machtgefälle	Augenhöhe
Kontrolle/Kontrollieren	Vertrauen in die Fähigkeit zur Selbstorganisation/Loslassen
Missachtung des Eigenwertes/Eigenwillens	Achtung des anderen/Achtsamkeit

Was mich persönlich daran so beunruhigt:

Diese Mechanismen treffen nach meiner Einschätzung leider nicht nur auf Klienten (-Systeme) und zwischenmenschliche Systeme, sondern auch auf Organisations-Systeme (auch dazu siehe die Literatur in Fußnote 1) zu.

Und zusätzlich stehen wir – wenn wir nicht JETZT umkehren und ALLES anders angehen – jetzt aktuell sogar potenziell vor einem akuten, menschengemachten, allesumfassenden und weltweiten System-Aus.

Und aus den geschilderten Erkenntnissen und Erfahrungen beschleichen mich leider große Zweifel, ob es genügend Weitblickende gibt, die es schaffen, das sich selbst bis zu Stagnation und Kollaps selbsterhaltende System zu (gerade noch?) rechtzeitigen Veränderungen anzuregen.

Die Zweifel machen sich an dem für einen solchen rechtzeitigen Wandel notwendigen Veränderungswillen fest. Denn jede/r Einzelne müsste ja anfangen dazu beizutragen, für sich selbst, seine Entscheidungen und Handlungen (Selbst-) Verantwortung zu übernehmen und für eine Umstellung von bisher Praktiziertem diverse Unbequemlichkeiten in Kauf nehmen.

Wie viele sind wirklich dazu bereit? Die systemische Haltung regt hoffentlich noch rechtzeitig ausreichend viele dazu an – hoffe ich!

7.2 „Alles Systemik – alles gut?" Allheilmittel Systemik? (Is there no flaw in the plan?/ Gibt es keinen Webfehler im System/keine Schwachstellen?)

▶ *Soviel vorweg:* Meine Begeisterung für das uns durch die diversen Vordenker geschenkte systemische Gedankengut an sich und seine wunderbaren Anwendungsfelder innerhalb und außerhalb von Beratungskontexten ist oben nachzulesen, und mein uneingeschränktes „JA" zu dieser wirksamen, nachhaltigen und schnell wirkenden Methodik sei hier erneut unterstrichen.

Das von mir hier hinter die Systemik als *vermeintliche* Allheilmittel-Methode gesetzte *Fragezeichen bezieht sich auf* die von mir leider teilweise auch beobachtete *mancherorts praktizierte Anwendung* dieser sinnvollen Techniken.

Kritikwürdig wird die Anwendung durch *nicht authentische* bzw. *nicht verantwortungsvoll, nicht durch weiteres, breitgefächertes Wissen fundierte* und *allzeit die eigenen Grenzen kennende* und diese respektierende *Ausübung* von „systemischer" Beratung, was in *Beliebigkeit* enden *und* viel *Schaden anrichten* kann.

Wenn Systemik allzu puristisch angewandt wird, besteht die *Gefahr von Beliebigkeit.*

Dieses Risiko besteht z. B., wenn der *Grundsatz des Expertentums des Klienten* gepaart mit der *Veränderungsneutralität* so puristisch angewandt wird, dass dem *Berater die Prozessverantwortung entgleitet, oder er sich instrumentalisieren lässt* (er hört z. B. „nur noch" zu statt lösungsfokussiert zu interagieren) oder sogar geschickten Manipulationstechniken des Klienten aufsitzt, weil er diese übersieht.

Die Gefahr von Beliebigkeit besteht auch dann, wenn der Berater den Prozess ohne *strukturgebende/*strukturunterstützende *Planung der Interventionen anhand der gebildeten (Arbeits-) Hypothesen* „laufen lässt".

Denn es kann Fälle geben, für welche die Kombination von systemischer Veränderungsneutralität und liebevoller Konfrontation mit Eigenanteilen plus „klassische" Zielearbeit das Mittel der Wahl ist statt den Klienten sich in Beliebigkeit und ziellos, ohne konkrete Schritte – ohne Ausrichtung an einer zielführenden Linie und Priorisierungen – verlieren zu lassen.

Denn ohne Zielsetzung gibt es keine Weiter-**Ent**wicklung auf etwas hin, sondern schlimmstenfalls sogar eine zunehmende **Ver**wicklung und die Gefahr, in Problem-Trance und Kreisdenken verhaftet zu bleiben und damit ein den Status quo konservierendes Stehenbleiben zu bewirken (s. Abb. 7.1).

Die Verführung der *vermeintlichen* *Leichtigkeit der systemischen Methodik,* gepaart mit dem Zulassen eigentlich jeder Vorgehensweise, solange sie dem Klienten nützlich ist, birgt die *Gefahr,* die *Herausforderungen des systemischen Arbeitens* dahingehend *zu unterschätzen,* dass es sich bei ihr um eine leicht anzueignenden und einfach ausübbaren Werkzeugkoffer handle, welcher quasi im Vorbeigehen „mal eben" („in einem 2-Tages-Seminar") anzueignen sei, um dann damit in den diversen Beratungskontexten „loszulaufen" und tätig zu werden.

Beliebigkeit birgt die Gefahr,
die Problem-Trance und den
Status Quo zu konservieren

An Arbeits-Hypothesen ausgerichtete
strukturgebende Interventionsplanung
unterstützt den (Weiter-) Entwicklungsprozess
des Klientensystems

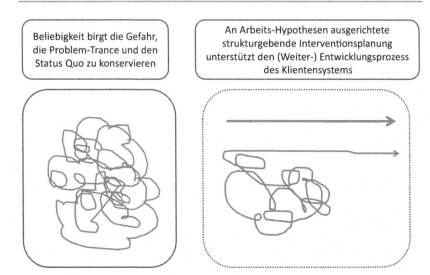

Abb. 7.1 Unterschied zwischen ungesteuerter und hypothesen-geleiteter systemischer Arbeit. (© Angelika Kutz 2020)

Voraussetzung dafür, die Flexibilität der systemischen Methodik sauber nutzen zu können, ist – neben einem jederzeit mit Augenmaß, Verantwortungsbewusstsein und selbstkritischer Beobachtung des eigenen Tuns als Berater unter Wachsamkeit für die eigenen Grenzen gestalteten Prozess – ein *gehöriges Maß an Vorwissen auf den unterschiedlichsten Gebieten,* und die allzeit kritische Hinterfragung auf Seiten des Beraters, ob sein Ausbildungshintergrund für den jeweils konkreten Fall tatsächlich (noch) ausreicht. Wo dies nicht (mehr) gegeben ist, ist eine „Abgabe" des Falles an die dafür ausgelegten Kontexte zwingend erforderlich und geboten.

Dafür *braucht es sehr viel, über die Systemik hinausgehendes Wissen und einen breiten Erfahrungsschatz,* um gerade diese *Grenzen* in besonderen Fällen und/oder Umständen überhaupt *erkennen zu können* und dann die *Selbstkritikfähigkeit und Demut* aufzubringen, die eigenen *Grenzen als Beratender* auch *zu akzeptieren* und im Sinne des Klientenwohls zu entscheiden.

Gerade mit Blick auf eben dieses Klientenwohl ist es wichtig, die Erkenntnisse aus anderen Disziplinen wie z. B. therapeutischen, psychosomatischen,

Persönlichkeits-Psychologie-Kenntnissen etc. parat zu haben, und möglichst viele der dort bewährten Interventionsmöglichkeiten zu kennen und bestenfalls auch in die eigene Arbeit zu integrieren.

Gerade der systemische Grundsatz der Offenheit fordert nach meiner Erfahrung diese *kontinuierliche Abwägung* von dem Beratungs-System, *welche Intervention* auf Basis der gebildeten Hypothesen die *für den Klienten am zielführedste* ist.

Zusätzlich zu der Gefahr, die Herausforderungen des Erlernens und des Einübens der systemischen Grundhaltung zu unterschätzen, scheint nach meiner Beobachtung aktuell leider eine *inflationäre Verwendung des Begriffs „systemisch"* um sich zu greifen. Die wertvolle Methode der Systemik läuft dadurch Gefahr, eine ungute Entwicklung zu nehmen bzw. in eine oder sogar mehrere ungute Richtung/en zu driften.

Zahllose Institute bieten inzwischen systemische Ausbildungen in den unterschiedlichsten Formaten an. Nahezu jeder kann diese Ausbildung durchlaufen und anschließend mit diesem Begriff für seine Aktivitäten werben. Durch die staatlichen Fördermöglichkeiten wird diese *Ausbildungsinflation* weiter verstärkt.

Ich habe zudem leider auch viele erleben müssen, welche unter diesem Label, oder besser gesagt Deckmantel genau das Gegenteil dessen „vorleben", was in den systemischen Grundsätzen gelehrt wird. Teilweise leider auch von manchen Systemik-„Dozierenden" selbst. Ganze Unternehmen schreiben sich dieses „hippe" Label auf die Fahnen, nur um in krassester Weise im eigenen System diesen „Grundsätzen" Hohn zu sprechen.

Meine ganz persönliche Befürchtung aufgrund dieser Gemengelage und der vielen ungeklärten Begrifflichkeiten, Zuständigkeiten und Qualitätskriterien rund um das Thema „Systemik" ist, dass die wunderbaren Möglichkeiten, die in dieser Kombination von klugen, menschenfreundlichen und klientenzentrierten Vorgehensweisen und Haltungen stecken, „unter die Räder" bzw. zwischen die „Mühlsteine der Interessens- und Kuchenverteilungs-Pfründesicherungsaktivitäten" kommen.

Und *auch die Systemik selbst kann an ihre Grenzen stoßen.* Z. B. wenn „gute Gründe" aus bestgemeinter systemischer Sicht als Entschuldigung herangezogen werden für gesellschaftlich/sozial nicht mehr hinnehmbares Verhalten, weil andere Individuen in ihren Grenzen, ihrer körperlichen und/oder seelischen Unversehrtheit, ihrem Sein beeinträchtigt/verletzt werden oder noch Schlimmeres zugefügt bekommen.

Spätestens an dieser Stelle wird deutlich, wie eng systemische Haltung mit soziologischen, gesellschaftlichen bzw. politischen Überlegungen und Überzeugungen verknüpft ist. „Zoomt" man auf diese Ebene „hoch" bzw. „heraus", wird deutlich, an welchen Stellen erhöhte Wachsamkeit mit Blick auf den *systemischen Grundsatz der Neutralität* – speziell mit Blick auf die Werte-(Vor)-Stellungen – unbedingt erforderlich ist, um nicht nur Beliebigkeit, sondern in letzter Konsequenz auch komplette Anarchie, welche keine funktionierende Gesellschaft im Sinne von Gemeinschaft überleben kann, zu verhindern.

Fazit

8

Das Handlungsportfolio der *Systemik* bietet eine *wunderbare Grundlage,* um den Klienten, ein Klienten-System, egal, ob ein Individuum oder ein System im weiteren Sinne (ein Team, eine Abteilung, ggf. eine ganze Organisation) in deren/dessen Sinne bestmöglich dabei zu unterstützen, *Veränderungsprozesse einzuleiten und zu gestalten, und* für das Klientensystem *passende Lösungen zu erarbeiten.*

Verantwortungsbewusst, unter In-Blicknahme der jeweils eigenen Grenzen verwandt ist das systemische Handwerkszeug wunderbar geeignet, das Beste um des Klienten Willen aus diesem „herauszuholen", so dieser das will. Sein *Veränderungswille ist das Allentscheidende.*

Systemisch ist für mich: *wertschätzende Haltung. Egal in welchem Kontext.* Gemeint ist innere Haltung, *innere Einstellung* zu Menschen, Dingen, Umständen, Situationen, Vorgängen, Veränderungen, Veränderungsprozessen und (Lebens-) Ereignissen. Und die grundsätzliche Akzeptanz/ein Akzeptieren, dass nicht alles kontrollier-, plan- und/oder steuerbar, immer aber gestaltbar im Moment bleibt.

Im weitesten Sinne ist es Einübung von Ge**lassen**heit. Dinge zuzu**lassen,** auch mal sein zu **lassen,** im Sinne von „sie erst einmal so sein zu lassen / so zu akzeptieren, wie sie sind" und gleichzeitig auch im Sinne von „Dinge ab und zu bleibenzu**lassen".** So betrachtet hat Systemik für mich persönlich auch sehr viel mit **Loslassen** zu tun. Bereits dadurch „löst" sich „ganz nebenbei" und „zufällig" schon vieles.

Die *systemische Grundhaltung* ist für Berater/Coaches etc. in ihrer speziellen Rolle, für Führungskräfte, für Team-Mitglieder und jeden Einzelnen im Grunde in jeder Lebenslage eine *wertvolle Bereicherung in der Gestaltung von Beziehungen jeglicher Art* – zu sich selbst und zu anderen bzw. auch zu allem Lebendigen, zu

© Springer Fachmedien Wiesbaden GmbH, ein Teil von Springer Nature 2020
A. Kutz, *Systemische Haltung in Beratung und Coaching,* essentials,
https://doi.org/10.1007/978-3-658-29686-5_8

Dingen, Veränderungen und Vorkommnissen in der Welt (und im Universum), also für sämtliche Innen- und Außenbeziehungen mit sich selbst und der gesamten, den einzelnen umgebenden Umwelt und seinem Umfeld; eine *durchgängige Bereicherung für die Gestaltung seiner Denk-, Haltungs-, Vorgehens- und Verhaltensweisen.*

Denn durch all die ihr immanenten, ergebnisoffenen, ressourcen- und lösungsfokussierten Herangehensweisen ist die Systemik für meine Begriffe eine für die sich so virulent wandelnden Umstände hoch *wirksame Unterstützung zur Bewältigung dieser konstanten und immer schneller werdenden Wandlungen.* Sie ist durch ihre Flexibilität sehr *gut* dazu *geeignet,* den in rasantem Tempo erforderlichen kontinuierlichen *Anpassungs-, Veränderungs-* und vor allem *Verbesserungsprozess für alle (Lebens-) und (Arbeits-) Bereiche zu ermöglichen.*

Denn systemische Haltung hat viel mit der Fähigkeit zu tun, mit den Fährnissen des Lebens umzugehen und fertig zu werden. Und damit mit der sog. *Resilienz,* also der psychischen Widerstandskraft in belastenden, überfordernden oder sogar krisenhaften Lebensumständen.

Diese lassen sich viel besser bewältigen mit einer *Haltung interessierter Neugier und kontinuierlicher Lernbegierde,* was die damit einhergehenden Veränderungen an Interessantem mit sich bringen und was die Sicht des/r anderen auf die Dinge ist.

So fördert systemische Herangehensweise einen *kontinuierlichen Um-Denkungs-* und Reifungs-*Prozess* unter Einschluss der klugen, vorausschauenden Abwägung der Auswirkungen eigenen Handelns auf Umfeld, Umwelt und Gesellschaft.

Was Sie aus diesem *essential* mitnehmen können

- Schon jedes Individuum selbst ist ein eigenes System mit vielen Unter-facetten und inneren Anteilen; gleichzeitig ist jeder von uns darüber hinaus eingebunden und Teil vieler weiterer (Unter-) Systeme und alles zusammen wiederum Teil eines großen (größeren !) Gesamtsystem, in welchem alles mit allem zusammenhängt.
- *Alles hängt mit allem zusammen. – Ganzheitlichkeitsdenken.*
- *Systemik ist* kein „Voodoo", sondern bietet *ein breitgefächertes, hochwirksames Interventionsportfolio* – unter der allentscheidenden Grund-Voraussetzung der authentisch gelebten und sauber angewandten systemischen Haltung.
- Die *schnelle und nachhaltige Wirksamkeit systemischer Interventionen* beruht auf ihrem konsequenten Fokus auf Stärken, Ressourcen, dem Bereits-Gut-Funktionierenden auf Seiten des Klientensystems und dem ebenso konsequenten *Ermutigen durch ressourcen- und lösungsfokussiertes Empowerment zu selbst-verantwortlichen Lösungen* auf Seiten des Klientensystems – und dies vom Erst-kontakt an.
- Die *systemische Haltung ist erlernbar* und ein heilsamer Wegbegleiter in allen Lebenslagen und stellt letztlich einen kontinuierlichen Reifungsprozess dar.
- *Ein Umdenken und eine Umkehr hin zu einer ressourcen- und lösungs-fokussierten, an humanistischen Grundwerten ausgerichteten Haltung zu Mensch, Tier, Natur – sprich auf allen Gebieten – ist mehr als überfällig.*

Siehe auch meine Ausführungen dazu in den essentials:
„Toxische Kommunikation als Krankheitsursache in Unternehmen";
ISBN 978-3-658-12892-0
und
„Double-Bind-Kommunikation als Burnout-Ursache"
ISBN 978-3-658-21916-1 (Print); ISBN 978-3-658-21917-8 (E-Book)

© Springer Fachmedien Wiesbaden GmbH, ein Teil von Springer Nature 2020   63
A. Kutz, *Systemische Haltung in Beratung und Coaching*, essentials,
https://doi.org/10.1007/978-3-658-29686-5

Literatur

Bamberger, G. G. (2010). *Lösungsorientierte Beratung*. Basel: Beltz.
Barnow, S. (2013). *Therapie wirkt!*. Berlin Heidelberg: Springer.
Peseschkian, N. (2002). *Psychosomatik und positive Psychotherapie: Transkultureller und interdisziplinärer Ansatz am Beispiel von 40 Krankheitsbildern*. Frankfurt a. M.: Fischer Taschenbuch.
Watzlawick, P. (1976). *Wie wirklich ist die Wirklichkeit?* München: Piper Verlag GmbH.

Weiterführende Literatur

Nur ein ganz kleiner Ausschnitt aus der Fülle…
Antonovsky, A. (1979). *Health, Stress and Coping*. San Francisco: Jossey-Bass Inc.
Antonovsky, A. (1987). *Unraveling the mystery of health: how people manage stress and stay well*. San Francisco: Jossey-Bass Inc.
Bateson, G. (1972). *Steps to an ecology of mind*. San Francisco: Chandler
Bateson, G., Jackson, D. D., Haley J., & Weakland, J. (1956). *Toward a theory of schizophrenia*. Behavioral Science, 1(4), 251–254.
De Shazer, S./ Berg I. K. (2012). *Worte waren ursprünglich Zauber*. Heidelberg: Carl Auer Verlag.
De Shazer, S./ Berg I. K. / Dolan, Y. (2013). *Mehr als ein Wunder*. Heidelberg: Carl Auer Verlag.
Erickson, M. H. / Rossi, E. L. (2020). *Hypnotherapie: Aufbau – Beispiele – Forschungen*. Stuttgart: Klett-Cotta.
Kutz, A. (2016). *Toxische Kommunikation als Krankheitsursache in Unternehmen: Das Double Bind-Phänomen – eine Einführung für Führungskräfte, Berater, Coaches. essentials*. Wiesbaden: Springer.
Kutz, A. (2018). *Double-Bind-Kommunikation als Burnout-Ursache. Ein Theorie-Vorschlag zu Auswirkungen toxischer Kommunikation in Organisationen. essentials*. Wiesbaden: Springer.
Luhmann, N. (1991). *Soziale Systeme: Grundriss einer allgemeinen Theorie*. Frankfurt am Main: Suhrkamp.

© Springer Fachmedien Wiesbaden GmbH, ein Teil von Springer Nature 2020
A. Kutz, *Systemische Haltung in Beratung und Coaching*, essentials,
https://doi.org/10.1007/978-3-658-29686-5

Rogers, C. R. (1959). *Eine Theorie der Psychotherapie, der Persönlichkeit und der zwischenmenschlichen Beziehungen (Personzentrierte Beratung & Therapie)*. München: Ernst Reinhardt Verlag.

Rogers, C. R. (1983). *Die klientenzentrierte Gesprächspsychotherapie. Client-Centered Therapy*. Frankfurt am Main: FISCHER Taschenbuch.

Satir, V. (1975). *Kommunikation, Selbstwert, Kongruenz: Konzepte und Perspektiven familientherapeutischer Praxis*. Paderborn: Jungfermann Verlag.

Schulz von Thun, F. (2016). *Störungen und Klärungen: Allgemeine Psychologie der Kommunikation* Reinbek bei Hamburg: Rowohlt Taschenbuch Verlag.

Schulz von Thun, F. (2003). *Miteinander reden: Kommunikationspsychologie für Führungskräfte*. Reinbek bei Hamburg: Rowohlt Taschenbuch Verlag.

Schulz von Thun, F. (1989). *Miteinander reden 2: Stile, Werte und Persönlichkeitsentwicklung: Differentielle Psychologie der Kommunikation*. Reinbek bei Hamburg: Rowohlt Taschenbuch Verlag.

Schulz von Thun, F. (1998). *Miteinander reden 3: Das „Innere Team" und situationsgerechte Kommunikation*. Reinbek bei Hamburg: Rowohlt Taschenbuch Verlag.

Schwing, R., Fryszer, A. (2017). *Systemisches Handwerk*. Göttingen: Vandenhoeck & Ruprecht.

Varela, F. G., Maturana, H. R., & Uribe, R. (1974). *Autopoiesis: The organization of living systems, its characterization and a model*. Biosystems, 5(4), 187–196.

Watzlawick, P., Beavin, J. H., & Jackson, D. D. (2011). *Menschliche Kommunikation: Formen, Störungen, Paradoxien*. Bern: Huber.

Printed in the United States
By Bookmasters